絵で楽しむ
フランス語
［会話フレーズ］

小林まみ ＝著
吉岡ゆうこ ＝絵

Gakken

音声について

本書には、本文に収録した単語などを読み上げた音声がついています。

＊音声は、付属のCDをプレーヤーにて再生するか、下記のURLよりアクセスしてダウンロード（DL）し、お聴きください。
＊CDに収められている音声と、URLからDLできる音声の内容は同じです。お客様のオーディオ環境に適したほうをご使用ください。
＊本書で読み上げている音声は、本編の「単語（見出し語）」と「会話フレーズ」、コラムページ（「ちょっとしたひとこと」）の「単語」と「会話フレーズ」です。巻末の文法ページは、音声には対応していません。
＊音声は、「日本語→フランス語」の順に読み上げています。誌面が不定型な配列なため、必ずしも上から読んでいるわけではありません。日本語音声をガイドラインとして、フランス語をご確認ください。

[CDについて]

＊本書に付属しているのは、オーディオCDです。オーディオCDに対応した機器で再生してお使いください。
＊本書には、CDが1枚付属されています。

[音声DLについて]

＊PCなどから、下記のURLにアクセスし、音声ファイルをダウンロード（DL）してください。
https://webgk.gakken.jp/ede/french/
＊DLできるのは、圧縮されたMP3形式の音声ファイルです。圧縮ファイルを解凍し、iTunesやWindows Media Playerなどの再生ソフトを使って再生してください。
＊お客様のインターネット環境によってDLできない場合、当社は責任を負いかねます。ご理解ご了承いただけますよう、お願いいたします。

カバー・表紙イラスト／吉岡ゆうこ
ブックデザイン／川村哲司＋古屋悦子（atmosphere ltd.）
仏語校閲／Matthieu POIRIER、小川ケリヤ
ナレーション／小川ケリヤ、弥生堂尚
録音・CDプレス／メディアスタイリスト
構成・編集／沢辺有司
編集協力／高木直子

目次
sommaire

002 音声について

Part1
フランス人が毎日言う言葉

008 挨拶する 1
009 挨拶する 2
010 受け答え 1
011 呼びかけ 1
012 呼びかけ 2
013 挨拶する 3
014 挨拶する 4
015 挨拶する 5
016 挨拶する 6
017 お礼を言う 1
018 どういたしまして 1
019 あっと一声！1
020 叫ぶ 1
021 お願いする 1
022 ほめる 1
023 ほめる 2
024 ほめる（受け答え）3
025 驚く 1
026 はっきり否定 1
027 腹を立てる 1
028 腹を立てる 2
029 相づちする 1
030 了解する 1
031 あきらめる 1
032 お詫びする 1
033 もう一回言って！1
034 とくに言わない方がいいこと 1

Part2
パリの街角を楽しむ

036 カフェを楽しむ 1
037 道を聞く 1
038 道を聞く 2
039 道を聞く 3
040 タクシー 1
041 メトロで 1
042 メトロで 2
043 メトロで 3
044 バスに乗る 1
045 鉄道で 1
046 郵便局で 1
047 美容院で 1
048 エステサロンで 1
049 キオスクで 1

Part3
日常生活を楽しむ

052 住まいについて 1
053 生活のなかで 1
054 仕事について 1
055 数字 1
056 時間を言う 1
057 時間を言う 2
058 日にちを言う 1
059 天気を言う 1
060 天気を言う 2
061 電話する 1
062 電話する 2
063 病院・薬局で 1
064 健康 1
065 健康 2
066 フランスの行事 1

Part4
買い物を楽しむ

068 お金を支払う 1
069 お金を支払う 2
070 服を買う 1
071 服を買う 2
072 服を買う 3
073 服を買う 4
074 雑貨を買う 1
075 宝石店に行く 1
076 靴を買う 1
077 花を買う 1
078 化粧品を買う 1
079 本・CD を買う 1
080 スーパーで 1
081 返品・交換をたのむ 1
082 蚤の市で 1
083 蚤の市で 2

Part5
食を楽しむ

086 予約する 1
087 席に付く 1
088 メニューを知る 1
089 メニューを知る 2
090 注文する 1
091 注文する 2
092 注文する 3
093 ワインを注文する 1
094 感想を述べる 1

095 食後のデザート・コーヒー 1
096 支払いをする 1
097 パンを買う 1
098 パンを買う 2
099 パティスリーで 1
100 チョコレートを買う 1
101 マルシェに行く 1
102 マルシェに行く 2
103 肉屋さんに行く 1
104 魚屋さんに行く 1

Part6
カルチャー・レジャーを楽しむ

106 映画に誘う 1
107 映画館の窓口や席で 1
108 映画の感想を述べる 1
109 映画の感想を述べる 2
110 美術館で 1
111 展覧会で 1
112 劇場で 1
113 旅行代理店で 1
114 ホテルで 1
115 ホテルで 2
116 ホテルで 3
117 ホテルで 4
118 レンタカー店で 1
119 ドライブする 1

Part7
フランス人と友だちになる

122 紹介 1
123 紹介 2
124 連絡先を交わす 1
125 飲みに行く 1
126 誘う 1
127 誘う 2
128 家に招待 1
129 家に招待 2
130 人を招く 1
131 招かれる 1
132 友人の家で食事 1
133 友人の家で食事 2
134 帰る 1
135 プレゼントする 1
136 久しぶりの再会 1
137 思い出 1
138 助ける 1
139 別れ際 1

Part8
フランス人のエスプリを楽しむ

- 142 意見を述べる 1
- 143 意見を述べる 2
- 144 確信する 1
- 145 落胆する 1
- 146 話を切り出す 1
- 147 話を切り上げる 1
- 148 言い訳する 1
- 149 言い訳する 2
- 150 命令形で話す 1
- 151 嘆く 1
- 152 理解する 1
- 153 励ます 1
- 154 なだめの言葉 1
- 155 なだめの言葉 2
- 156 静かにして！1
- 157 ほっておいて！1
- 158 無関心な言葉 1
- 159 よくないものの表現 1
- 160 人の特徴 1
- 161 人の特徴 2

Part9
恋愛を楽しむ

- 164 恋に落ちて…1
- 165 付き合う? 1
- 166 一緒にいたい！1
- 167 ささやく愛の言葉 1
- 168 愛の呼び名 1
- 169 愛の種類 1

Part10
あなたもこれですっかりフランス人

- 172 語尾でニュアンス付け 1
- 173 短い受け答え 1
- 174 砕けてます 1
- 175 アルゴ（スラング）1
- 176 省略形 1
- 177 ベルラン（逆さ言葉）1
- 178 登録商標 1
- 179 今時の若者風テクスト 1
- 180 擬態語 1
- 181 動物 1
- 182 赤ちゃん言葉 1
- 183 幼少から理解するリアルフレンチ 1
- 184 しつけから見るリアルフレンチ 1
- 185 大人も使える、3歳児フランス語！1

Part 1

フランス人が
毎日言う言葉
Les mots de tous les jours

ボンジュール！　サ ヴァ？
パリの毎日は、たくさんの挨拶と
やさしい言葉で満ちている

挨拶する 1 🔊 01

フランス人が毎日言う言葉

こんにちは!
Bonjour!
ボンジューる

フランス語でおそらく一番と言ってもいいほど使用される一言。日本語の「こんにちは!」より、たくさん使われます。
人に会ったときはもちろん、お店に入ったとき、タクシーに乗ったとき、ホテルに入ったときなどにもさりげなく使用するのが、よいフランス人風。朝から夕方前まで使います。

こんばんは!
Bonsoir!
ボンソワーる
(夕方以降使う)

よう!
Salut!
サリュ
(親しい人に。または、気さくさを表すときに)

お〜い!
Coucou!
ククー
(家族やごく近い友人など、より一層親しい人に)

みなさん、こんにちは!
(Bonjour,) messieurs dames!
ボンジューる メスィュー ダム
(年配の人が店に入るとき、他の客にこう挨拶することも。下町風)

こんにちは!
Bonjour!
ボンジューる

息子
fils(m)
フィス

ママ
maman(f)
マモン

【たった一言でいい人に】
日本ではお店に入るときに、「こんにちは〜!」と、挨拶することはあまりありませんが、フランスでは、お店の人に挨拶することは、礼儀正しいこととされています。観光でも、お店に入るときなどに、黙って入っていかないで、こう一言。店員さんの態度が変わります。

| 挨拶する | 2 |

どう?
Ça va?
サ ヴァ

知り合いに、「こんにちは〜!」と言ったあとは、「元気?」「どう?」と相手の様子を尋ねるのが、フランス人の常。
単にそれが礼儀正しいやり方で、深い意味は特になかったりしますが、「調子はどう?」と目を輝かせて聞くのが、演技派フランス人風。
右のように、親しい関係（友人・家族など）や気さくな業界、相手が子どものときなどには、相手のことをtu（テュ）を使って話します。一方、よく知らない人、会社の上司など、常に距離を保つ人にはvous（ヴ）を使用します。

元気?
Tu vas bien?
テュ ヴァ ビヤン

お元気ですか?
Vous allez bien?
ヴザレ ビヤン

元気にしてる?
Comment ça va?
コモン サ ヴァ

最近どう?
Quoi de neuf?
コワ ドゥ ヌフ

元気よ!
Très bien!
トれ ビヤン

どう?
Ça va?
サ ヴァ

友達
ami(es)
アミ

石畳み
pavé(m)
パヴェ

| Part 1 | 受け答え | 1 | 🔊 02 |

元気だよ!
Ça va!
サ ヴァ

フランス人が毎日言う言葉

「元気?」「どう?」と聞かれたら、一般になぜか、「元気」と答えます。
フランス人は、人に弱みを見せたくないのかな?と、感じたこともありましたが、人に自分の元気のなさを見せないのが礼儀、と聞いたこともあります。
とはいえ、親しい間柄では、「元気ないよ」「どうしたの?」という会話ももちろん繰り広げられます。

とても元気よ。ありがとう!
Très bien, merci!
トれ ビヤン メるスィー

そうでもないかな…
Pas très bien…
パトれ ビヤン

う〜ん…
Bof…
ボフ

どうしたの?
Qu'est-ce qu'il y a?
ケス キリヤ

どうしたの?
Qu'est-ce qu'il y a?
ケス キリヤ

う〜ん
Bof…
ボフ

パラソル
parasol(m)
パらソル

コーヒー
café(m)
キャフェ

新聞
journal(m)
ジュるナル

椅子
chaise(f)
シェーズ

| 呼びかけ | 1 |

ムッシュー。
Monsieur.
ムスィユー

最も有名なフランス語の一つ。大人の男性に声をかけるとき、ひとこと「ムスィユー!」。カフェのギャルソン(ウエイター)に注文したいとき、校長先生(男)に話があるとき、ハンカチを落とした通りがかりのおじさまにまで、注意を喚起するのに幅広く使用できます。
または、「ムシュー・ナカムラ」など、「〜さん」という丁寧なニュアンスを追加する感じでも使用。

マダム。
Madame.
マダム
(既婚女性に。既婚かどうかわからない場合は、「マダム」の方が尊敬がこもっている感じがするので無難)

マドモワゼル。
Mademoiselle.
マドゥモワゼール
(未婚女性に。または、「若いですね」というニュアンスを出しておだてるために妙齢の人に。ただ、やりすぎると皮肉にもなるのでご注意!)

なんでしょう?
Vous désirez?
ヴ デズィれ

ムッシュー!
Monsieur!
ムスィユー

ウエイター
garçon(m)
ギャるソン

テーブル
table(f)
ターブル

[マダム? マドモワゼル?]
「マダム!」と呼ばれて、「マドモワゼル!」(←結婚なんてしてないのよ)と誇り高く言い直させる年配の女性がいたり、結婚してないけど「マダム○○です」と、彼の名を名のってみる若い女性がいたり、フランスでも女心は複雑です。

Part 1 フランス人が毎日言う言葉

呼びかけ 2　🔊 03

誰かいますか?
Y'a-t-il quelqu'un?
ヤッティル　　　　ケルキャン

店先、受付などに誰もいなくて、シ〜ン！としているときに。はたまた、トイレなどで、誰かが入っているかわからないときに、大きな声でこう尋ねます。
普通に目の前の店員さんに話しかけるときなどは、「S'il vous plaît! スィル ヴ プレ（すみません）」「Bonjour! ボンジュール（こんにちは）」といって、呼びかけます。

[トイレでノックは不用…]
フランスでは、トイレをトントンとノックして、確認する習慣がないので、ノックされても、誰もたたき返しません。自分が入っているときに、ドアをガチャガチャと開けられそうになったら、「Il y a quelqu'un!! イリ ヤ ケルキャン（誰か入ってます!!）」と叫んで、危険を回避。

ちょっと、すいません！
Excusez-moi!
エクスキューゼ モワ

ムシュー、すいません！
Monsieur, s'il vous plaît!
ムスィユー スィル ヴ プレ

ねえねえ！
Hou, hou!
ウー ウー
（「こっち向いて！」といった感じで）

プス！
Pst!
プス
（声を出さずに囁く感じで。犬などの注意を喚起する）

誰かいますか?
Y'a-t-il quelqu'un?
ヤッティル ケルキャン

受付
réception(f)
れセプスィオン

旅行かばん
valise(f)
ヴァリーズ

階段
escalier(m)
エスキャリエ

012

| 挨拶する | 3 |

さようなら。
Au revoir.
オー　　るヴォワーる

お店やレストランから出るときは、「さようなら」とお店の人に挨拶するのが、礼儀正しいフランス風。そのとき、ニッコリ微笑んだりしたら完璧。
知り合いなど、次に会うことが予想される場合は、「またね!」とか、「明日ね!」などの常套句でしめます。
親しい人、砕けた間柄の人には、「Salut. サリュ」「Ciao. チャオ」(P.15) などを「バイバイ」の代わりに使用。

[じゃ、月曜日に!]
週末前に仕事の同僚や学校の友達などに、「À lundi! ア ランディ(じゃ、月曜日にね!)」なんて言ってわかれます。

じゃあね!
Salut!
サリュ
(やや砕けた言い方。親しい人や、若者同士など)

明日ね!
À demain!
ア ドゥマン

またね!
À bientôt!
ア ビヤント

木曜日に!
À jeudi!
ア ジュディ

さようなら
Au revoir
オ るヴォワーる

パパ
papa(m)
パパ

ジャケット
veste(f)
ヴェスト

よい一日を!
Bonne journée!
ボヌ ジュるネ

コンシェルジェ
concierge
コンスィエるジュ

息子
fils(m)
フィス

挨拶する 4 🔊 04

後でね!
À tout à l'heure!
ア　トゥタ　　　ルーる

Part 1 フランス人が毎日言う言葉

わかれが悲しくならないように、次に会う時間を予告。「すぐにね!」から「そのうちに!」などと、会うまでの時間の長さに合わせて。もう、会うつもりがなくても、「じゃ、また（次回）」といってわかれるのも、感じよくわかれるコツ（←よく使われる手）。

[長いフランス流のおわかれ]
わかれの言葉を言いながら、笑顔を絶やさないのがフランス流。
そして、「誰だれによろしく」「今度は何々しましょう」「電話するね」「留守電だったらメッセージ残して（わかってるって!）」…など、わかれに費やされる言葉が長々と、日本の3倍以上かかることも多い。

いますぐに!
À tout de suite!
ア トゥドゥ スィットゥ
（数時間後に戻ってくるときなど）

また次回!
À la prochaine!
ア ラ プろシェンヌ

そのうちに!
À plus tard!
ア プリュ ターる
（いつかはわからないけど、後でね）

そのうちにお目にかかりましょう!
À un de ces jours!
ア アンドゥ セ ジューる

ぬいぐるみ
peluche(f)
プリューシュ

またね!
À la prochaine!
ア ラ プろシェンヌ

キャンドル
bougie(f)
ブジ

カゴ
panier(m)
パニエ

014

| 挨拶する | 5 |

バイ!
Ciao!
チャオ

砕けたわかれのフレーズ。もともとはイタリア語ですが、フランス人（特に若者）もよく使用します。
「チャオ チャオ」と、2回続けるときもあり（←軽いキャラを演出したいときにどうぞ）。その他、気さくなわかれのフレーズはというと右の通り。

[気さくな話し方]
とりあえずは丁寧に話しておいた方が無難ですが、シチュエーションによっては、堅苦しかったり、ぎこちなく感じられることも。あなたが気さくな人柄だったら、砕けた言いまわしをさりげなく取り入れてみます。「そんな言い方知ってるんだ〜!?」と感心されたり、自分で話していて楽しくなったりします。
または、若者ぶりたいとき（または本当に若いとき）にもお勧めです。

バイバ〜イ!
Ciao ciao!
チャオ チャオ

またね!
À tout'!
ア トゥットゥ
（À tout à l'heure! の略）

また!
À plus!
ア プリュス
（À plus tard! の略）

バイバイ!
Bye!
バユ
（英語ですが、「バイュ!」と語尾が「ュ」となるのがフランス風）

バイ!
Ciao!
チャオ

パンツ
pantalon(m)
ポンタロン

[フランス人はカゴがお好き]
フランス人は、カゴが大好き。マルシェに行くと、マイバスケット（ちょっとくたびれた）を持って買い物している人々が目につきます。重いしかさばるのに、ナイロンのエコバックなんか邪道!というポリシーでしょうか。

| 挨拶する | 6 | 🔊 05 |

よい1日を!
Bonne journée!
ボンヌ　　　　ジュるネ

なんてわかれの言葉が多いんだ〜!という感じですが、こちらは、「さようなら」のあとに、「よい一日を!」とつけるやり方。たちまち、いい人になれます。
知り合い、友人はもちろん、パン屋さん、近所の人などに使っても大丈夫です。

[よいことでうめ尽くされますように…]
「Bon (ne) ボン (ヌ)」は、「よい」という意味。日常生活では相手によいことを願ってあげる表現がよく使われます。逆にそう言われたら、「ありがとう!」の後に、「あなたも!」=「À vous aussi. ア ヴ オ スィ」、「君もね!」=「À toi aussi. ア トワ オスィ」と気持ちよく返事を。

よい午後を!
Bon après-midi!
ボナプれミディ
(砕けた形は、「Bon aprèm'! ボナプれンム」。若者が愛用)

よい夕べを!
Bonne soirée!
ボンヌ ソワれ

よい週末を!
Bon week-end!
ボン ウイーケーンドゥ
(金曜日にわかれるときの必須アイテム)

よいバカンスを!
Bonnes vacances!
ボンヌ ヴァコンス
(バカンス前に人とわかれるときに、数えきれないほど使う)

よい一日を!
Bonne journée!
ボンヌ ジュるネ

蝶
papillon(m)
パピヨン

ブーケ (花束)
bouquet(m)
ブーケ

ワンピース
robe(f)
ろブ

フランス人が毎日言う言葉

| お礼を言う | 1 |

ありがとう!
Merci!
メルスィー

フランス人が、とってもよく使う言葉。
「よい一日を!」と言われて「メルシー」。
お店やカフェから出るときも「メルシー」。
開けたドアを支えてもらって「メルシー」
など、笑顔とともに、フランスに光をもた
らす言葉。
ただ、「あなたのこと好きです♪」と言わ
れたときに、こう答えるのはフランスでも
微妙。

[お礼に厳しいフランス人?]
フランス人は謝ることは少ないですが、お礼の言葉
はたくさん言います。なので道を譲ってくれた人に
「Merci! メルスィ」の一言をきちんと言わなかったり
すると、背後から「De rien! ドゥ リヤン(どういたし
まして!)」とイヤミを言われることも…。

ありがとう!
Merci!
メルスィ

花 **fleur**(f)
フルーる

植物 **plante**(f)
プロントゥ

花屋 **fleuriste**
フルリストゥ

犬 **chien**(m)
シヤン

どうもありがとう!
Merci beaucoup!
メルスィー ボークー

それでも、ありがとう。
Merci, quand même.
メルスィー コン メム
(道を聞いたが、結局相手が力になれなかったときなど)

ご親切にありがとう。
C'est vraiment gentil.
セ ヴれモン ジョンティ
(直訳は「とてもご親切ですね」)

なんと、お礼を申し上げればよいのか…。
Je ne sais comment vous remercier...
ジュ ヌ セ コモン ヴ るメルスィエ
(と言いつつ、お礼になる)

Part 1 フランス人が毎日言う言葉

どういたしまして | 1

どういたしまして。
Je t'en prie.
ジュ トン プリ

「ありがとう」と言われることの多いフランスの日常。その返しもバリエーションをつけて。返事自体は、「お礼なんていいのに!」と表情も大げさに言うのがフランス風ではありますが、だからといって何も言わないと、「お礼も言えない奴」と陰で言われるのはどこも同じ…。
複数の人々や、vous で話す相手には「Je vous en prie. ジュ ヴゾン プリ」。

[tu と vous の使い分け]
tu と vous の使い分けはフランス人にとっても微妙な問題であることも多く、とりあえずは相手に合わせるのが無難。距離が縮まったら、「On se tutoie? オン ステュトワ（tu で話す?）」と了解をとる人、はじめから強引に tu で話しかける人、頑なにずっと vous の人などさまざま……。

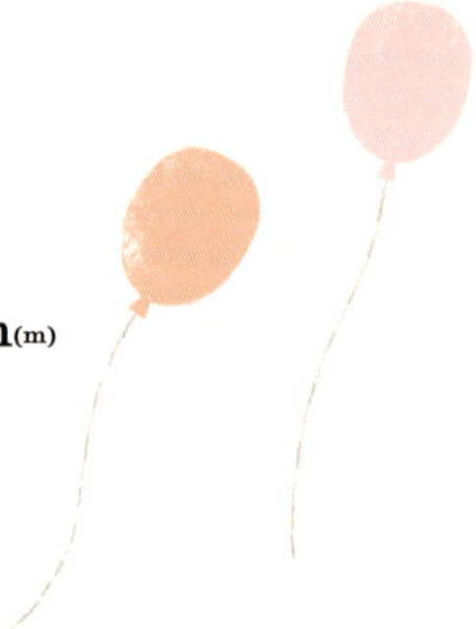

風船
ballon(m)
バロン

べつにいいよ。
De rien.
ドゥ リヤン

お礼を言われるほどのことではありません。
Il n'y a pas de quoi.
イル ニヤ パ ドゥ コワ
(「Pas de quoi! パ ドゥ コワ」と短縮することも。「なんでもないよ!」と、やや砕けた感じ)

こちらこそお礼を言います。
C'est moi qui vous remercie.
セ モワ キ ヴ るメるスィ
(商店の人などがよく言う)

君こそありがとう!
Merci, à toi!
メるスィー ア トワ

どういたしまして!
Je vous en prie.
ジュ ヴゾン プリ

木
arbre(m)
アるブる

ありがとう!
Merci!
メるスィ

子供
enfant
オンフォン

あっと一声！ | 1

あらあら！（おやまあ！）
Oh! là! là!
オ ラ ラ

反射的なたったの一声で、手早くフランス人化。困ったときや、いやなときなど、「オ〜ララ」と迷惑そうに使います。
道で人とぶつかりそうになったお互いさまの場合でも、はじめにこれを発した方がなぜか被害者的になるので、後れをとらないようにすかさず言うのがコツ。

[被害者になるが勝ち!?]
道行く老婦人が、単にすれ違っただけなのに「オ〜ララ」と責めるようにおっしゃることも。「歩いているだけで迷惑ですか!?」と気になります。また、ぶつかりそうになったときに、「すみません!」の代わりに「Oups!（あらよっと!）」で済ませる人も…。フランス人風に「Pff」と相手を責めるようにため息をつきたくなります。

やれやれ…
Oh là…
オラ
(うんざりしたように言う)

おっと! あ!
Oups!
ウップス

シーッ！（静かに！）
Chut!
シュートゥ

プー（ため息）
Pff.
プフー
(声を出さずにため息風に)

おっと!
Oups!
ウップス

あ〜あ!
Oh là là!
オ ラ ラ

ドア
porte(f)
ポルトゥ

アイスクリーム
glace(f)
グラス

スーツ
costume(m)
コステューム

叫ぶ 1 🔊 07

イテ!
Aïe!
アイユ

日本語の「いて!」の代わりにこれがでてくると、フランス人化も進んだ証拠。人混みで足を踏まれたときなど、わざとこう聞こえるように叫んで抗議します。または、誰かに腕をつかまれたときなど、「アイユ〜!」と語尾を強めに言って、「痛いからやめてよ。離して!」といった感じで。微妙に寒いこと言った人に、「イタイ!」のように、使用することも可。

[気持ちを込めて…]
やめてほしいときのフレーズは、非難のトーンをたっぷりと込めて使うのがフランス流。アとオの間のような嘆き声を添えるのも手。

ダメ!
Non!
ノン

やめて!
Arrête!
アれットゥ

うそでしょ。
C'est pas vrai.
セ パ ヴれ

おしまい!
Stop!
ストップ
(英語ですが、フランスでもふつうに使われています)

イタッ!
Aïe!
アイユ

靴
chaussure(f)
ショスィユーる

バレエシューズ
ballerine(f)
バルりンヌ

ダメ!
Non!
ノン

ウソでしょ!
C'est pas vrai!
セ パ ヴれ

ペン
stylo(m)
スティロー

Part 1 フランス人が毎日言う言葉

お願いする | 1

お願いします!
S'il vous plaît!
スィル ヴ プレ

「Un café, s'il vous plaît!（コーヒーください）」と頼んだり、欲しいもののあと、お願いしたあとなどにこれをつけます。人にお願いするときの最低限の礼儀として、フランスの方々は幼少期よりしつけられています。
子どもが、「牛乳!」と叫ぶだけで、「s'il te plaît! スィル トゥ プレ」をきちんと後に付けてお願いしないと、親はわざと、聞こえないふりをしたりします。

[すみません]
S'il vous plaît は、「すみません!」と店員さんを呼ぶときなどにも使えます。

お願い!
S'il te plaît!
スィル トゥ プレ
（tu で話す相手にはこちらを使います）

頼むよ〜!
Je t'en prie!
ジュ トン プリ

ねえ、頼み事していい?
Je peux te demander un service?
ジュ プ トゥ ドゥモンデ アン セるヴィス

〜してくださいますか?
Pourriez-vous 〜?
プーリエ ヴ
（丁寧に頼むときの言い方）

いらっしゃい!
Bonjour, monsieur!
ボンジューる ムスィユー

トマト3つお願いします!
Trois tomates, s'il vous plaît!
トろワ トマトゥ スィル ヴ プレ

野菜
légume(m)
レギューム

にんじん
carotte(f)
キャろットゥ

きゅうり
concombre(m)
コンコンブる

トマト
tomate(f)
トマットゥ

ネギ
poireau(m)
ポワろー

ナス
aubergine(f)
オーベるジンヌ

| ほめる | 1 | 🔊 08 |

感じいいね（いいね）。
C'est sympa.
セ　　　サンパ

「sympa サンパ（感じのいい）」は、人からモノ、事柄にまで幅広く使える便利な言葉。「その時計いいね」と言ったり、「ごちそうしてくれるの? いいね!」と言ったり、ちょっとだけた感じで、多用されます。丁寧に言うときは、「sympathique サンパティック」を使用します。
「彼いい人だね（Il est sympa. イレ サンパ）」とも。そして、「いい人」というのは、恋愛関係においては、「mais メ…（だけど〜）」となりやすいようです。

いいんじゃない!
C'est bien!
セ ビヤン

最高!
C'est génial!
セ ジェニアル
（このくらい、大げさに言うのがフランス風）

いいねぇ!
Super!
シューペーる

すごい!（完璧!）
Parfait!
パるフェ
（もともとの意味は「パーフェクト」ですが、「ちょっといい」くらいでも使用可）

［ほめ上手?］
フランス人は、人をほめるときにも芝居がかっているくらい言葉を尽くして褒め倒します。大げさだな!と思いつつ、ほめられたらうれしいことに変わりはないので、効果のある処世術なのでしょう…。

Part 1　フランス人が毎日言う言葉

022

ありがとう!
Merci!
メるスィ

ワンピース
robe(f)
ろブ

橋
pont(m)
ポン

それいいね!
C'est sympa!
セ サンパ

シャツ
chemise(f)
シュミーズ

［パリジェンヌをほめたら］
「素敵だね!」とほめたら、「Je sais. ジュセ（知ってる）」と言われて驚いたことが。パリジェンヌは あまり謙遜しないものですが、そこまで?

| ほめる | 2 |

いいね〜!
Pas mal!
パ マル

フランス式エスプリあふれるほめ言葉。直訳すると「悪くない」。素直に「いいね!」というより、フランスではちょっとひねくれたような言い方が好んでされますが、意味は、単に「いいんじゃない?」。
この後、「du tout ! デュトゥ」が追加されると、さらに「いい!」という意味が強まります。
まあ、悪くないんじゃない? 程度で「パマル」と言ってしまった後、しまった!と思ったら、「デュトゥ」と付け足しましょう〜。

[ねじれたエスプリ?]
「寒い!」というのに、「暑くないね!」なんて言い方もよくされます。(P.59 参照)

悪くないね!
C'est pas mal!
セ パ マル
(「Pas mal!」のもともとの形)

全然悪くない! (いいじゃない!)
C'est pas mal du tout!
セ パ マル デュトゥ

そのワンピース似合うね!
Elle te va bien cette robe!
エル トゥ ヴァ ビヤン セットゥ ロップ

素晴らしい!
C'est magnifique!
セ マニフィック
(目を見開いて、大げさなくらいに)

ハト
pigeon(m)
ピジョン

いいね!
Pas mal!
パ マル

帽子
chapeau(m)
シャポー

建物
immeuble(m)
イムーブル

【 大げさにほめる 】
フランス人はなんでも大げさ。ほめるときもやりすぎ?というくらい、全顔全身で表現してくれますが、自分でやるには皮肉にならない演技力が必要なので難しいです。

ほめる（受け答え） 3

ありがとう!
C'est gentil!
セ　　　　ジョンティ

「すてきね」とほめられたら、「ありがとう」と素直に答えるのが、フランス流。謙遜することももちろんありますが、日本式ほどではありません。ほめられてるのに、「ぜんぜんダメよ!」などというと、謙遜ととられずに、「そんなことないよ!」と本気で説得されたり、「好きでもないのにどうして着ているの?」などと、質問されます…。

[謙遜と自慢]
「H&M（モノプリ）で買ったの」と言うと、「安いけど、いいもの見つけたのよ!」という謙遜と自慢が入り混じっている感じに。モノプリはパリによく見られるチェーンスーパー。

親切ね。
T'es gentil(le).
テ ジョンティ（ーユ）

ありがとう!
Merci!
メルスィー

え?そう?
Ah, bon?
ア ボン

H&M（モノプリ）で見つけたの。
Je l'ai trouvé(e) chez H&M (Monoprix).
ジュ レ トゥるヴェ シェ アッシェエム（モノプリ）

とってもキレイね!
C'est très joli!
セ トれ ジョリー

隣人
voisin(e)
ヴォワザン（ヴォワズィヌ）

ありがとう。
Merci.
メルスィ

バルコニー
balcon(m)
バルコン

よろい戸
volet(m)
ヴォレ

驚く 1

嘘でしょう!
C'est pas vrai!
セ　パ　ヴれ

びっくりしたときに、「うそでしょ??」と出てくる言葉の代表。本来は、「Ce n'est pas vrai. スネパヴれ」ですが、動詞を挟んで否定型を作る、ne 〜 pas の ne が口語では省略されることが多いです。この場合 ne を入れると、丁寧、またはエレガントな感じ（または、ちょっと外国人のような、年配の人のような…）。

[本当? 嘘?]
こう言われたら、「イヤイヤ、本当なのよ!（Si, si, c'est vrai! スィ スィ セ ヴれ）」なんてのが、よくある返答。また、相手が驚いたら、「うまくだましたでしょ!?（Je t'ai bien eu, hein? ジュ テ ビヤン ユ アン）」なんて一言が使えます。

冗談でしょ!?
Tu plaisantes!?
テュ プレゾントゥ

冗談でしょ!?
Tu rigoles!?
テュ りゴール
（Tu plaisantes! より、砕けた言い方）

信じられない!
J'y crois pas!
ジ クろワ パ
（これも、Je n'y crois pas! の ne が省略された例）

信じられない!
C'est incroyable!
セタンクろワイヤーブル

鳥
oiseau(m)
オワゾー

バゲット
baguette(f)
バゲットゥ

腕時計
montre(f)
モントゥる

ウソだろ!
C'est pas vrai!
セ パ ヴレ

はっきり否定 | 1 🔊10

知らない。
Je ne sais pas.
ジュ ヌ セ パ

知らないことは「知らない!」とはっきり否定。「いりません」なども同様に。
フランスでは、一般に、やんわり断ろうと、はっきりしないと「どっちなの!?」と逆にいらいらされます。
ただ、商店で「品物がない」と言われて、「いつ入りますか?」と聞くと、調べもしないで、「知りません!」と、自信たっぷりに言われることも……。そんなときは、「Faites quelque chose! フェトゥ ケルク ショーズ (何かしなさいよ!)」などと心で思いつつ、「Pourriez-vous vous renseigner? プリエ ヴ ヴ ろンセニェ (調べて下さいますか)」とお願いします。

わからない。
Je ne comprends pas.
ジュ ヌ コンプろン パ

それ必要ないです。
Je n'en ai pas besoin.
ジュ ノ ネ パ ブゾワン

ほしくない。
J'ai pas envie.
ジェ パ オンヴィ

興味ないです。
Ça m'intéresse pas.
サ マンテれス パ
(はっきり断らないと、「実は興味ある?」としつこく付きまとわれます)

知りませんね。
Je ne sais pas.
ジュ ヌ セ パ

いつ入りますか?
Quand serez vous livré?
コン スれ ヴ リヴれ

メガネ
lunettes(f)
リュネットゥ

本屋
librairie(f)
リブれり

本
livre(m)
リーヴる

カウンター
comptoir(m)
コントワーる

| 腹を立てる | 1 |

くそ!
Merde!
メるドゥ

お下品なので、「使ってはいけない!」と必ず言われるけれど、フランスでは(おそらく)万人が使っている一言。
子供の前などでは使わないし、外国人(特に女性)が使うと、「やめなよ!」と注意されます。親しくない人の前では、使わないほうが無難。が、よく耳にするので、何かの拍子にこれが出たら、「すっかりフランス人ね、ニヤリ」とされることも。ほどほどで?

[人によって変わる言葉遣い]
砕けた言葉を使う人と使わない人、使い分ける人、とフランス人でもいろいろです。砕け具合のレベルもさまざま。「putain」は、本来は「売春婦」の意。「Merde!」よりも、卑語として「使ってはいけない!」下品な言葉とされてますが、例えば若者はこちらを愛用。他の砕けた言い回しはPart10ご参照。

あ〜!
Oh là!
オラ

イライラするな〜!
Ça m'énerve!
サ メネるヴ

うそだよね!
C'est pas vrai, ça!
セ パ ヴれ サ

くっそ〜!
Putain!
ピュタン

窓
fenêtre(f)
フネットる

イライラする!
Ça m'énerve!
サ メネるヴ

ネコ
chat(m)
シャ

魚
poisson(m)
ポワソン

腹を立てる 2 🔊11

もうたくさんだ。
J'en ai marre!
ジョ ネ マーる

「Pff! プー!」と人に聞こえるように、ため息をつきながら、フランス人がよく使用する一言。砕けた言い方。
天気に、仕事に、試験勉強に、嫁姑関係に、幅広く使用できます。

[無言のコミュニケーション]
プー（pff）というため息のような音は、「言葉にはしないけど」人を非難するときの、フランス人の得意技（P19参照）。人ごみで仕方なくゆっくり歩いていると、前に進めないイライラをこっちにぶつけるかのように、背後から「プー」と聞こえてきます。ちょっと嫌な気がしたら、「Et alors? エ アローる（だからどうした?）」と振り返って応戦も可。レジの列が長くてうんざりなときは、並んでいる隣の人に、「プー」と同意を求める顔をすると、相手も、「全くだ」という、渋い顔で返答。つかの間の連帯感が味わえます。

あきあきだ!
J'en ai assez!
ジョンネ アッセ
（「J'en ai marre !」より、丁寧な言い方）

きみにイライラさせられる!
Tu m'énerves!
テュ メネるヴ

怒った?
T'es fâché(e)?
テ ファシェ
（女性は語尾に e をつける。発音は同じ）

狂いそう!
Je vais devenir folle（fou）!
ジュ ヴェドゥヴニーる フォール（フー）
（女性は folle、男性は fou。名詞によっては、男性形と女性形が違う）

Part 1 フランス人が毎日言う言葉

028

レードル
louche(f)
ルーシュ

傘
parapluie(m)
パらプリュイ

レインコート
imperméable(m)
アンぺるメアーブル

もうたくさん!
J'en ai marre!
ジョネ マーる

スプーン
cuillère(f)
キュイエーる

フォーク
fourchette(f)
ふるシェットゥ

相づちする | 1

うん。
Oui.
ウィ

「はい」の意味で、フランス語学習では一番初めに登場する、肯定の返事「ウィ」。結婚するとき、「この人を生涯の伴侶にしますか？」のような質問にふつう「ウィ」と答えます。ので「ウィと言う」＝「結婚する」という表現も存在するほど、肯定の意味が強い（？）です。
反対は「Non. ノン（いいえ。いやだ）」。

[パリ区役所での結婚式]
パリ区役所での結婚式では、特に練習もなく、当日の段取りがよくわかっていませんでした。ある瞬間、皆が私の方を見てシーンとしているので、「こ、ここは、これしかないだろう！」と思い、「ウィ」と言いましたが、こ、これでいいのかな？という気持ちから、「ウィ？」と自信のない誓いになってしまいました…。

はいはい。
Oui, oui.
ウィ ウィ
（日本語と一緒で、「はいはい」はうんざりしたニュアンス。または、「わかってるよ！」って感じで）

そのとおり！
Tout à fait!
トゥタ フェ

そう。
C'est ça.
セ サ

あ、それはそうだよ！
Ah! Ça oui!
ア サ ウィ
（目を見開いて大げさな感じで言うのがフランス風）

結婚
mariage(m)
マリアージュ

カップル
couple(m)
クープル

うん！
Oui!
ウィ

灯台
phare(m)
ファー

海
mer(f)
メール

波
vague(f)
ヴァーグ

029

Part 1 フランス人が毎日言う言葉

了解する 1 🔊 12

わかった。
D'accord.
ダコーる

「明日11時ね!」「これやっておいてね!」などの返事に。
フランス語を全然知らない友人がパリに寄ったとき、「ダコー、ダコー」ってあちこちで聞くんだけど、どういう意味?タコ?と言っていたくらいなので、巷でたくさん使われている気になる一言。

[普段使う英語]
フランス語と英語は元々関連があり、同じ、または似たような単語はたくさんありますが、いかにも英語なのに、フランス人が日常で使う英語は、「OK!」「Stop!」(P.20 参照)「Bon week-end!」(P.16 参照)の他にも、「C'est cool!セ クール (いいね!)」「T-shirt ティーシュるトゥ (Tシャツ)」「chips シップス (ポテトチップス)」「self セルフ (セルフサービス)」「Shopping ショッピング (ショッピング)」「Parking パるキング (駐車場)」などがあります。

030

わかりました。
Entendu.
オントンデュ
(「D'accord.」より丁寧な言い方)

いいよ。
D'ac.
ダック
(「D'accord.」の省略形。親しい友人・若者に)

オーケー。
OK.
オーケー
(英語ですが、よく使われます)

イヤとは言えないわ!
Je ne peux pas dire non!
ジュ ヌ プ パ ディーる ノン
(「別荘に来る?」などのゴージャスでうれしいことへのお返事に)

はい、わかりました。
Oui, D'accord.
ウィ ダコーる

パソコン
ordinateur(m)
オるディナトゥーる

上司
supérieur(m)
シューペリユーる

ネックレス
collier(m)
コリエ

机
bureau(m)
ビュロー

| あきらめる | 1 |

残念!
C'est dommage!
セ　　　ドマージュ

「今度の集まりこれないの〜?せっかくなのに残念!」というシチュエーションで。とっても残念そうにするのがポイント（うそでも）。または、「そのスープいたんじゃった?おいしかったのにもったいない!」といった場合にも使用します。

残念〜。
Tant pis.
トン ピ
（「でも、しょうがない」というニュアンス）

君にとって残念だったね。
Tant pis pour toi!
トン ピ プールトワ
（誘ったのに断られたときなど、負け惜しみで使用）

まぁ、しょうがないな。
Bon ben, d'accord.
ボン バン ダコール
（単に肩をすくめて、口をへの字に結ぶ。「ben バン」は「bien ビヤン」の砕けた形）

[あきらめない!]
フランス人は、日本人風にいさぎよくあきらめる!度が大変低いです。一度断わられても、筋が通らなくても、なんやかんや言って引きさがりません。それは、交渉すれば何とかなる可能性が日本に比べて高いせいもありますが、交渉しないと軽く見られるという場合もあるらしいです…。

ハンドバック
sac à main(m)
サキャ マン

残念。
Tant pis.
トン ピ

パンプス
escarpins(m)
エスキャるパン

Part 1 フランス人が毎日言う言葉

お詫びする 1 🔊 13

すみません。
Pardon.
パるドン

とりあえず謝って、場を保つ日本人と正反対のフランス人。重要な問題になればなるほど、人々はとぼけて言い訳を重ね、ときには意味不明な理由を述べつつ、決して謝りません！
でも、ぶつかりそうになった、道で体に触れてしまった、など、たいしたことないときほど、笑顔でとても気持ちよく、「Pardon!（すみません!）」と謝ります…。

[フランスではギリギリまで謝らない!]
事故を起こしても、すぐに謝る＝過失を認めることになるので、注意が必要、と聞きますが、逆に日本人は「ごめんなさい！」と何度も言っておいて、その後知らんぷり～、なので驚かれるとか…。

ごめん!
Excuse-moi!
エクスキューズ モワ

ごめんなさい。
Je suis désolé(e).
ジュ スィ デゾレ
（足を踏んでしまった! など、本格的に謝るときに）

許してね。
Je te demande pardon.
ジュ トゥ ドゥモンドゥ パるドン
（喧嘩をして、しばらくして謝るときなどに）

なんか悪いね。
Ça me gêne.
サ ム ジェヌ

すみません!
Pardon!
パるドン

いたい!
Aïe!
アイュ

トートバッグ
cabas(m)
キャバ

学生
étudiant(e)
エテュディオン (トゥ)

ジーンズ
jean(m)
ジーン

| もう一回言って! | 1 |

なんですか?
Comment?
コモン

「もう一度言ってください」と、何を言われたかわからなかったときに。わかった振りをせずに、しおらしく聞き返します。
または、言われた意味はわかったけれど、「それってどういう意味!?」と、ムカッとしたときに、「今、なんて言った? もう一度言ってごらん!?」というニュアンスでも使用されます。

[聞き返し方にもいろいろ]
聞き返すことは悪いことではありません。わかった振りをしてごまかす方が失礼とはいえ、毎回聞き返すのは、話す方も疲れるので限度はありますが～（うちの夫も「いちいち2度言う癖がついた!」とゲンナリしていた時期が…）。
一方、フランス人も「フンフン」と話を聞いておいて、後で、「ゴメン、実はわかってなかった!」なんてことも珍しくありません。ただ、「わからない私が悪かった」と申し訳なく聞き返す日本風と、「わからないのは君の説明が悪いから」というニュアンスを醸し出すフランス風の違いはありますが…。

なんですか?
Pardon?
パルドン
（「すみません」の意味だけでなく、繰り返してもらいたいときにもよく使用されます）

なに?
Quoi?
コワ
（かなり砕けた感じ。親しい友人、家族などに）

はぁ?
Hein?
アン?
（ぶっきらぼうな感じの言い方）

もう一回言って?
Tu peux répéter?
テュ プ れペテ

注文
commande(f)
コモンドゥ

カフェクレーム下さい。
Un café crème, s'il vous plaît.
アン キャフェ クれーム スィル ヴ プレ

なんでしょう?
Pardon?
パルドン

とくに言わない方がいいこと | 1

結婚してますか？
Vous êtes marié(e)?
ヴゼットゥ　　　　　　マリエ

初対面のときなどに、気になるけど、特にマナーとして聞かない方がいいことの一つです（もちろん、結婚を誘われたときには、きちんと確かめた方がいいですが…）。結婚は正式にせず、事実婚で生活を営んでいる人もたくさんいるし、反対派などもいるので、ちょっと面倒な話題です。
また年齢は、日本ではふつうの話題ですが、フランス人は日本人ほど気にしていない感じなので、いきなり聞いたりすると、驚かれるか、ひかれるかします。

［ お金の話はタブー？ ］
お金の話も一般に「はしたない」とされていて、ハッキリといろいろなことを言うわりに、お金の話には言葉を濁すことが。もちろん、「物価が高い!」など、社会を糾弾するのはOK（大好き）です。

いくら稼いでますか？
Combien vous gagnez?
コンビヤン ヴ ギャニエ

何歳ですか？
Vous avez quel âge?
ヴザヴェ ケラージュ

共産主義者ですか？
Vous êtes communiste?
ヴゼットゥ コミュニストゥ
（政治方針や宗教なども、とりあえず触れないのがマナー）

血液型は何ですか？
Quel est votre groupe sanguin?
ケレ ヴォートる グるープ ソンギャン
（まず話題にされないので、失礼というより、なぜ!?と怪しまれるかも。医療関係者のセリフ）

えっ？
Pardon?
パルドン

結婚してる？
Tu es mariée?
テュ エ マリエ

バー
bar(m)
バーる

ボトル
bouteille(f)
ブーテイユ

ワイン
vin(m)
ヴァン

グラス
verre(m)
ヴェーる

Part 2

パリの街角を楽しむ
Profitez de Paris!

パリのマップを手に歩き出そう！
メトロや道で迷ったら
勇気を出して聞いてみて

カフェを楽しむ 1 🔊 15

薄めのコーヒー、お願いします。
Un café allongé, s'il vous plaît!
アン　　キャフェ　　アロンジェ　　スィル　ヴ　プレ

フランスで、「カフェ（コーヒー）」と頼むと、エスプレッソコーヒーが出てきます（小さくて濃いデミタスコーヒー）。
それがちょっと濃くてヤダ、量が少なくてさみしい、と思ったら、こう頼むと、それを薄めたものを持ってきてくれます。量も多めで、お店によっては値段は同じなので、お得感あり。

コーラ下さい。
Un coca, s'il vous plaît!
アン コキャ スィルヴプレ
（コーラ、コーク、とは言わず、「コキャ」といいます）

アイスコーヒーはありますか?
Vous auriez un café glacé?
ヴゾリエ アン キャフェ グラセ

ミント水下さい。
Une menthe à l'eau, s'il vous plaît.
ユヌ モンタ ロー スィル ヴ プレ
（緑色のミントシロップを水で割ったもの。夏にポピュラー）

トイレはどこですか?
Où sont les toilettes?
ウ ソン レ トワレトゥ

[アイスコーヒーにご用心!]
フランスで、アイスコーヒーはあまりポピュラーではありません。コーヒーは熱く飲むもの、と思われています。観光客に慣れているところ以外では、無理やり頼むと、熱いコーヒーに氷を入れただけ？（しかもエスプレッソなので、グラスに3センチくらい？）みたいなおどろきアイスコーヒーも……。

コーラ下さい。
Un coca, s'il vous plaît!
アン コキャ スィルヴプレ

カフェ（喫茶店）
café(m)
キャフェ

| 道を聞く | 1 |

タクシー乗り場はどこですか?
Où est-ce que je peux trouver un taxi?
ウ エ ス ク　ジュ プ　　トゥるヴェ　　アン　タクスィ

知らないところでは、一生懸命歩いて探し回るより、ちょっと勇気を出して、その辺の人に聞いてみます。
大都市では、道を聞いても、「知りません!以上」で、終わってしまうこともありますが、意外と親身になって、知らなくても、あ〜でもない、こ〜でもない、と考えてくれる人もいます。日本人ほど、効率を大切にしないフランス人、ちょっとまって…と仲間うちで話し合ったり、別の人に声をかけたり……。ときにはかえって時間がかかってしまうことも。人とのかかわり!と割り切って楽しめるときには、お勧めです…。

メトロはどこですか?
Où est-ce que je peux trouver le métro?
ウ エス ク ジュ プ トるヴェ ル メトロ

どこにカフェ(喫茶店)がありますか?
Où est-ce que je peux trouver un café?
ウ エス ク ジュ プ トるヴェ アン キャフェ

トイレはどこかにありますか?
Où est-ce que je peux trouver les toilettes?
ウ エス ク ジュ プ トるヴェ レ トワレットゥ

スーパーはどこにありますか?
Où est-ce que je peux trouver un supermarché?
ウ エス ク ジュ プ トるヴェ アン スューペるマルシェ

タクシー乗り場はどこでしょう?
Où est-ce que je peux trouver un taxi?
ウ エス ク ジュ プ トるヴェ アン タクスィ

葉
feuille(f)
フイユ

スカート
jupe(f)
ジュップ

道を聞く 2 🔊16

郵便局を探しています。
Je cherche la poste.
ジュ　シェるシュ　ラ　ポストゥ

パリ散策には、パリ市内の地図は必須。旅行者だけでなく、住んでいるフランス人も、地図を愛用しています。でも、地図を見てもわからなかったら、やはり人に聞くしかない…。
親切な人に当たればラッキーですが、ただ、なぜか自信たっぷりに、間違ったことを教えてくれる人もめずらしくないので、注意が必要♪　最後は、「Merci beaucoup. メるスィー ボークー（ありがとうございます!）」と、感じよくしめます。

[ポスト＝郵便局]
街角の手紙を投函するポストは「Boîte aux lettres ボワットゥ オ レットゥる」。フランスでは黄色です。

すみません! ムッシュ!
Excusez-moi, monsieur!
エクスキュゼ モワ ムスィユー
（と、感じよくはじめる）

ここがどこなのか、教えていただけますか?
Pourriez-vous me dire où nous sommes?
プリエヴ ム ディーる ウ ヌ ソム
（例えば地図を見せつつ）

区役所はどこにあるのか、ご存知ですか?
Vous savez où est la mairie?
ヴ サヴェ ウ エ ラ メリ

歩いて行けますか?
On peut y aller à pied?
オン プ イ アレ ア ピエ

歩いて行けますか?
On peut y aller à pied?
オン プ イ アレ ア ピエ

散歩
promenade(f)
プロムナッドゥ

ベビーカー
poussette(f)
プセットゥ

地図
plan(m)
プロン

自転車
bicyclette(f)
ビスィクレットゥ

Part 2　パリの街角を楽しむ

道を聞く 3

あっちです。
C'est par là.
セ　パる　ラ

聞かれたものの方向を指し示しながら、こう言って、「あっち側です」と教えてあげます。パリジャンは冷たいので、逆に外国人は道を尋ねられやすい、と聞いたことがありますが、私も、子供を連れて歩くようになってからなおさら、一日に何度も、道を聞かれることが…。一緒にいた娘、「なんで、みんなママに聞くの!?」。知りません〜〜。

[忙しいんだけど…]
予期せず人の役に立てるとパリジャンもうれしいのか、にっこり笑顔で「どういたしまして〜」。

では、そこを左に曲がって…。
Alors, vous allez tourner à gauche là bas.
アロー ヴザレ トゥるネ ア ゴーシュ ラ バ

それから、すぐに右に行って。
Et puis tout de suite à droite.
エ ピュイ トゥ ドゥ スイッタ ドロワットゥ

まっすぐ続けて行って下さい。
Vous continuez tout droit.
ヴ コンティニュエ トゥ ドロワ

いいですよ。お役に立てて、うれしいです!
De rien. Avec plaisir!
ドゥ リヤン アヴェック プレズィーる

そこを右に曲がって。
Vous allez tourner à droite là.
ヴザレ トゥるネ ア ドロワットゥ ラ

車
voiture(f)
ヴォワティユーる

[知らなかったら?]
道を聞かれて、知らなかったら、「Je ne suis pas d'ici. ジュ ヌ スィ パ ディスィ (この近くの者でないので)」「Je ne sais pas où c'est. ジュ ヌ セ パ ウセ (どこにあるかわかりません)」などと答えます。

タクシー 1 🔊 17

この住所まで、お願いします。
À cette adresse, s'il vous plaît.
ア　　セッタドレス　　　　　　　スィル　ヴ　　プレ

タクシーに乗ったら、とりあえず、「Bonjour! ボンジューる」と挨拶します。
行き先がうまく言えないと思ったら、紙に書いたり、ホテルやお店の名刺を見せたりしつつ、こう言えばOK。
降りるときは、「Merci, au revoir!（ありがとうございます、さようなら！）」と、礼儀正しくあいさつを。

[トランクは別料金]
トランクに乗せてもらったスーツケースなどの大きな荷物は、別料金（1ユーロくらい）なので、メーターよりちょっと多めに請求されます。

○○通りまで、お願いします。
Rue ○○, s'il vous plaît.
りュー ○○ スィル ヴ プレ

番地は？
À quel numéro?
ア ケル ニュメロ

32番地まで。
Au trente-deux.
オ トロンドゥ

ここで降ります。
Je descends, ici.
ジュ デソン イスィ

この住所までお願いします。
À cette adresse, s'il vous plaît.
ア セッタドレス スィルヴプレ

了解。
Très bien.
トれ ビヤン

タクシー
taxi(m)
タクスィ

ハンドル
volant(m)
ヴォロン

Part 2　パリの街角を楽しむ

メトロで 1

回数券下さい。
Un carnet, s'il vous plaît.
アン　　キャるネ　　　スィル　ヴ　　プレ

パリのメトロは、何度も乗るのなら、一枚ずつ切符を買うより、10枚つづりの回数券を買った方がお得です。メトロの範囲内だったら、どこに行っても同じ料金なので簡単！（逆に、フランス人には、日本の地下鉄は「難しい！」と恐怖のようです）。一度回数券を買ってしまえば、バスでも使えます（4才から9才までの子供料金半額チケットもあります）。

[2人で通る改札]
パリのメトロは、自動改札になっているのですが、人がぴったりくっついて通ると一枚の切符で、2人通れます。ので、切符を持たずに、一緒に通りたがる人がいて、勝手にくっついてくる人もいますが、ときには「一緒に通っていいですか？」と礼儀正しく尋ねられることも…（もちろんただ乗りは違法です）。

切符を1枚下さい。
Un ticket, s'il vous plaît.
アン ティケ スィル ヴ プレ

一緒に通っていいですか？
Je peux passer avec vous?
ジュ プ パセ アヴェック ヴ

いやです。
Non, désolé(e).
ノン デゾレ
（女性は語尾に「e」がつく。発音は同じ。一緒に改札を通る（＝くっつかれる）のが嫌なら、断る）

どうぞ。
Allez-y.
アレズィ
（気にならなければ、フランス人風に連帯の精神で）

地下鉄
métro(m)
メトろ

切符下さい。
Un ticket, s'il vous plaît.
アン ティケ スィルヴプレ

旅行者、乗客
**voyageur/
voyageuse**(m/f)
ヴォワイヤジューる /
ヴォワイヤジューズ

[スーツケースで通るとき]
スーツケースなど大きな荷物と共に自動改札を通るときは、駅員さんに言うと、大きな扉を開けて通してくれます。改札に切符だけは通します。

切符売り場
guichet(m)
ギシェ

割引料金
tarif réduit(m)
タリフ れデュイ

普通料金
plein tarif(m)
プラン タリフ

メトロで 2 🔊18

出口を探しているのですが…。
Je cherche une sortie.
ジュ　シェるシュ　ユヌ　ソるティ

「SORTIE（出口）」と、大きく表示が出ていますが、乗り換えの多い大きな駅でよくわからなくなってしまったときに。「乗り換え（correspondance これスポンダンス）」なども、ふつうはちゃんと表示されていますが、工事中のときは、からかわれているかのように歩かされることも…。そんなときには、知ってそう＆親切そうな人に尋ねましょう…。

[容赦ない罰金とり立て]
メトロの出口は切符がいらないところが多いですが、検札が来たときに切符を持っていないと、容赦なく罰金を取られるので、出るまでお捨てにならぬよう……。

出口
sortie(f)
ソるティ

乗り換え
correspondance(f)
これスポンダンス

1番線のホームを探しているのですが…。
Je cherche la ligne une.
ジュ シェるシュ ラ リーニュ ユヌ

サンポール駅に行きたいのですが…。
Je voudrais aller à la station St-Paul.
ジュ ヴドれ アレ ア ラ スタスィオン サンポール

何駅目ですか？
Combien de station?
コンビヤン ドゥ スタスィオン

切符をなくしました。
J'ai perdu mon ticket.
ジェ ぺるデュ モン ティケ
（と言い訳する無賃乗車の人も多いのか、検札官もハイハイ、といった感じで聞いています。）

六番線
la ligne 6(f)
ラ リーニュ スィス

パリの街角を楽しむ

042

| メトロで | 3 |

ドアを開けて下さい！
La porte, s'il vous plaît!
ラ　ポるトゥ　　スィル　ヴ　　プレ

パリでも、東京ほどではないですが、メトロが混んでいることがあります。それなのに、出る人のために道をあける、というマナーがあまりなく、自分が出ないときは、ドアの前でボ〜っと突っ立っている人多し。パリの地下鉄のドアは、手動の場合も多いので、こう叫んで、近くの人に、ドアを開けてもらいます。叫ぶのに勇気がいりますが、でないと、降りたい駅で降りられません…。涙。

いいですか…？
Puis-je…?
ピュイージュ
(「ここ、座っていいですか？」という感じで、ちょっと場所を作ってもらいたいときに)

押さないで下さい！
Ne me poussez pas!
ヌ ム プセ パ
(日本ほど、電車のなかで体に触れられることはありませんが…)

どうぞ。
Tenez.
トゥネ
(メトロではよく、ミュージシャンが演奏しています。演奏が気に入ればこう言って、お金を渡すのも、フランスチック)

お座りになりますか？
Vous voulez vous asseoir?
ヴ ヴレ ヴザソワーる
(お年寄り、妊婦さんなどに席を譲るときに。フランス人は妊婦さんに意外とやさしいです。妊婦さんはご遠慮なく〜)

通勤する
aller au travail
アレ オ トらヴァイユ

折りたたみ椅子
strapontin(m)
ストラポンタン

座席
siège(m)
スィエージュ

ドア
porte(f)
ポるトゥ

電車
train(m)
トらン

バスに乗る 1 🔊19

ここに座っていいですか?
Je peux m'asseoir ici?
ジュ プ マソワーる イスィ

フランス人は、荷物を膝の上において、あらかじめ他の人の場所を作っておく、というよりは、荷物を横にドカ!とおいてしまって、何か言われたら、「譲ります〜」という感じの人が多いです。そんな人にはこう一言。バスはなぜか、お年寄り度が高いので、元気な場合は、お年寄りには、席を譲った方がよいです。老人手帳のようなものを突き付けて、「私の優先席よ! オラオラどきなさい!」という強いおばあさんも存在します。

[赤ちゃんには優しい]
パリの人は他人に冷たい、とはよく聞きますが、赤ちゃんがいると、一転して優しくなることが。メトロやバスに乗るために、ベビーカーで苦労していると、たいてい誰かが助けてくれます。階段前でヨイショッとやろうとすると、ひょい、と助けの手が。それも、老婦人までが当たり前のように…。

こんにちは!
Bonjour!
ボンジューる
(乗り込んだときに、バスの運転手さんにこう挨拶)

○○に行きますか?
Vous allez à ○○?
ヴザレ ア ○○
(バスに乗る前に、行きたい地名を○○に入れてこう尋ねる)

どうぞ。
Je vous en prie.
ジュ ヴゾン プリ
(席を譲るときに、立ちながらこう一言)

ここでおります。
Je descends ici.
ジュ デソン イスィ
(降りるとき、ドアの前がふさがっていたら、こう言って通してもらう)

車窓
vitre(f)
ヴィっトる

座ってもいいですか?
Je peux m'asseoir?
ジュ プ マソワーる

ストライプ
rayure(f)
れイユーる

どうぞ。
Je vous en prie.
ジュ ヴゾン プリ

紙袋
sac en papier(m)
サック オン パピエ

鉄道で 1

リヨンまで1枚お願いします。
Un billet pour Lyon, s'il vous plaît.
アン　ビエ　プーる　リヨン　スィル　ヴ　プレ

パリ市内にとどまらず、鉄道で地方や郊外に出かけるときに。
買った切符は、乗る前に自主的に改札をしないと、後で車内の検札のときに、罰金を取られます（改札口がないのがワナ）。知らなかった！外国人だから！と言っても、容赦ありません〜（実話）。
普通は、ホームの手前に小さな機械があって、カシャン！とやるか、または印字します。

[ティケとビエ]
メトロの切符は ticket（ティケ）、鉄道の切符は billet（ビエ）と呼び方が違います。

往復（チケット）で。
Un aller-retour.
アンナレ るトゥーる

片道で。
Juste un aller simple.
ジュストゥ アンナレ サンプル

26歳以下です。
J'ai moins de 26 ans.
ジェ モアン ドゥ ヴァンスィーゾン
（26歳以下は割引があることも）

どこで、改札できますか？
Où est-ce que je peux composter mon billet?
ウ エ ス ク ジュ プ コンポステ モン ビエ

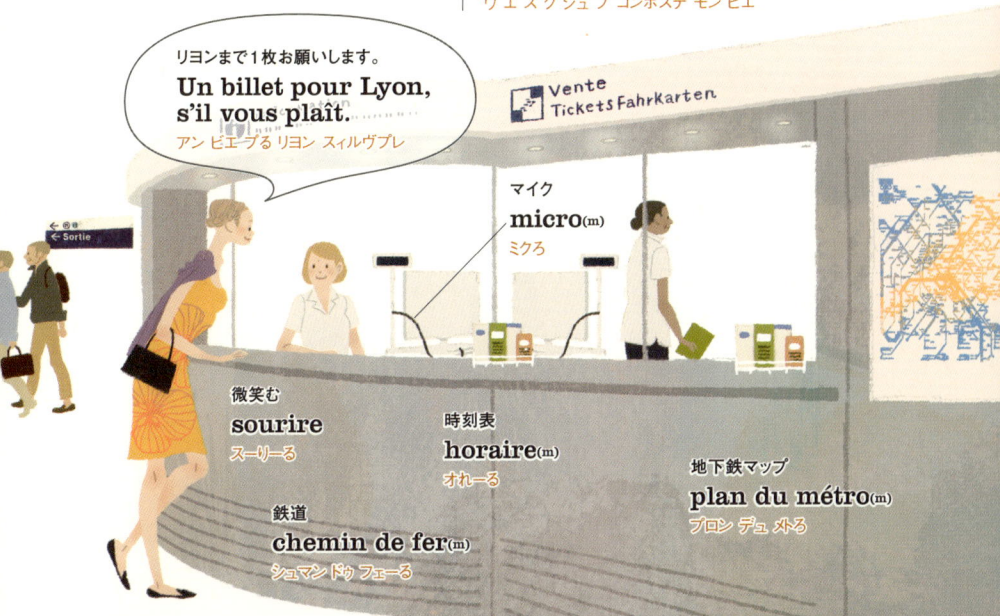

リヨンまで1枚お願いします。
Un billet pour Lyon, s'il vous plaît.
アン ビエ プーる リヨン スィルヴプレ

Vente
Tickets Fahrkarten

マイク
micro (m)
ミクロ

微笑む
sourire
スーリーる

時刻表
horaire (m)
オれーる

地下鉄マップ
plan du métro (m)
プラン デュ メトろ

鉄道
chemin de fer (m)
シュマン ドゥ フェーる

郵便局で 1 🔊 20

日本まで、お願します。
Au Japon, s'il vous plaît.
オ　　ジャポン　　　スィル　ヴ　　プレ

郵便局に荷物をもっていってこう言えば、「ああ、日本までの小包ですね」とわかってもらえます。

送ってもらった荷物も、不在で配達されずに（在宅していても！プンプン!!）、郵便局に取り行かないとならないときもあります。そしてさらに、郵便局は一般に、長い列に並ばないといけません…。それはみんなわかっているのですが、避けられない…。並んでいるなかの誰かは必ず、ぶつぶつ文句を言っています（とくにおばあさん）。いっしょに文句を言ったり、同意の肩すくめや表情で同調したら、すっかりパリジェンヌ。

切手シート（10枚綴り）をお願いします。
Un carnet de timbre, s'il vous plaît.
アン キャるネ ドゥ タンブる スィル ヴ プレ

私宛の荷物を取りに来たのですが。
Je suis venu(e) chercher mon colis.
ジュ スィ ヴニュ シェるシェ モン コリ

ここに並んでるんですか？
Vous attendez ici?
ヴザトンデ イスィ

長いですねえ～？
C'est long, hein?
セ ロン アン
（いっしょに列に並んでいる人と、気持ちの共有&暇つぶしの会話）

列（待つための）
file d'attente(f)
フィル ダトントゥ

郵便局
la poste(f)
ラ ポストゥ

日本までお願いします。
Au japon, s'il vous plaît.
オ ジャポン スィルヴプレ

航空便で
par avion(m)
パらヴィヨン

手紙
lettre(f)
レットる

小包
colis(m)
コリ

LA POSTE

Part 2 パリの街角を楽しむ

美容院で 1

こんな感じがいいのですが。
Je voudrais que ça soit comme ça.
ジュ ヴドれ　　　ク　サ　ソワ　コム　　サ

「Je voudrais ～ ジュ ヴドれ」は、何かと便利な表現です。「～してほしい」「～が欲しい」などという意味で使用します。比較的丁寧な言い方なので、いろいろなところで使えます。
この場合は、写真を見せながら、「こんな風に」と伝えます。

[日本人の髪質？]
パリで日本人の髪質をわかってもらえる美容院を見つけるのに苦労している日本人は多いです。私は直毛ですが、「インスピレーションがわいた！好きなようにしていい？」と言われて、できた髪形はいつもオカッパ。インスピレーション、そんなに必要ないような…？

短すぎずに。
Pas trop court.
パトろ クーる

少しすいてもらえますか？
Vous pouvez désépaissir un peu, s'il vous plaît?
ヴ プヴェ デゼペスィーる アン プ スィル ヴ プレ

毛先だけ。
Juste les pointes.
ジュストゥ レ ポワントゥ

イメチェンしたいのですが。
Je voudrais complètement changer.
ジュ ヴドれ コンプレットゥモン ションジェ

美容師
coiffeur/ coiffeuse(m/f)
コワフーる / コワフーズ

ハサミ
ciseaux(m)
スィゾー

ショートパンツ
short(m)
ショるトゥ

こんな感じがいいのですが。
Je voudrais que ça soit comme ça.
ジュ ヴドれ ク サ ソワ コム サ

鏡
miroir(m)
ミろワーる

美容院
salon de coiffure(m)
サロン ドゥ コワフューる

エステサロンで 1

もう少し強くお願いします。
Un peu plus fort, s'il vous plaît.
アン　プ　プリュ　フォーる　スィル　ヴ　プレ

フランスでのマッサージは、日本に比べて、比較的軽いような。そんなときに、せっかくなので、物足りない気分を引きずらないよう、こう注文します。

[フランス人は痛がり?]
フランス人は日本人より痛がりらしく、強いマッサージが苦手、とよく聞きます。イタ気持ちいい、とはあまりならないようで…。パリには有名高級エステサロンもたくさんありますが、街角にも小さなサロンがたくさんあります。よく知らないで行ってみると、リラックスからは程遠い、小汚いアパート風内装だったり、マッサージした後が痛くなったり（実話）と、パリだから！という幻想はやはり通用しません…。

弱めにお願いします。
Moins fort, s'il vous plaît.
モワン フォーる スィル ヴ プレ

そこが痛いです。
J'ai mal là.
ジェ マル ラ

いい気もちです。
Ça fait du bien.
サ フェ デュ ビヤン

楽になりました！ありがとう！
Je me sens mieux! Merci!
ジュ ム ソン ミュー メるスィー

マッサージ
massage(m)
マッサージュ

ベッド
lit(m)
リ

オイル
huile(f)
ユイル

エステティシャン
esthéticien(ne)
エステティスィヤン（ヌ）

エステサロン
salon de beauté(m)
サロン ドゥ ボテ

シーツ
drap(m)
ドラ

パリの街角を楽しむ

キオスクで | 1

パリスコープ下さい。
Pariscope, s'il vous plaît.
パリスコープ　　　　　　スィル　　ヴ　　　　プレ

雑誌は街角の「presse プレス（キオスク）」で購入します。本屋さんには売っていません。日本でも有名な『ELLE』や『VOGUE』などのモード雑誌はもちろん、『VOICI ヴォワスィ』『CLOSER クローザー』などゴシップ系の雑誌はバカンス期には特に人気。またパリジャンは、『Pariscope パリスコープ』や、『Officiel オフィスィエル』などで、映画や演劇などをチェックしたり、『Marie Claire deco』などのインテリア雑誌にも目を通します。

今週のエクスプレス誌はありますか？
Vous avez l'Express de cette semaine?
ヴザヴェ レクスプレス ドゥ セットゥ スメンヌ

○○っていう雑誌はありますか？
Vous avez un magazine qui s'appelle ○○?
ヴザヴェ アン マガズィンヌ キ サペール ○○

それいつ入りますか？
Vous l'aurez quand?
ヴ ロれ コン

袋をいただけますか？
Pourriez-vous me donner un sac, s'il vous plaît?
プリエ ヴ ムドネ アン サック スィル ヴ プレ

ポストカード
carte postale(f)
キャルトゥ ポスタル

雑誌
magazine(m)
マギャズィンヌ

モード雑誌
magazine de mode(m)
マガズィンヌ ドゥ モッドゥ

キオスク
kiosque(m)
キオスク

新聞
journal(m)
ジュるナル

Part 3

日常生活を楽しむ
Faciliter son quotidien

歴史漂うアパルトマンに
パリジャン・パリジェンヌの
個性豊かな生活が広がる

住まいについて 1

パリ11区に住んでいます。
J'habite dans le 11ème.
ジャビットゥ　　　　　　ドン　　　ル　　オンズィエム

パリに住んでいるときは、「dans le ○○ ドン ル〜」と住んでいる区を言うことが多いです。パリには全部で20区ありますが、区によっていろいろな特色があるので、「あ〜、あそこに住んでるんだったら、こんな人かな…」となんとなく想像したりします。16区・7区だったらブルジョワな人、18区〜20区だったら庶民的な人、11区だったらその中間くらいで自由業？ 12区・15区だったら中流の家庭持ちかな？ などなど。もちろんイメージですが。

5階に住んでます。
J'habite au quatrième (4ème) étage.
ジャビトー　キャットリエマタージュ
(フランスの1階は「地階」と表し、2階から「1階」と数えはじめるので、日本式と一階ずれる)

古い建築です。
C'est un immeuble ancien.
セタンニムーブル オンスィアン
(いわゆる、パリらしい建築。外見は古いが、なかは新しく今風になっていることも)

暗証番号は、15A36だよ。
Le code est 15A36.
ル コッデー キャンズ アトロンスィス
(パリのアパルトマンの入り口は、暗証番号式になっているところが多い)

[フローリングに絨毯]
フランスの家は、寄木張りの床（フローリング）に絨毯のパターンが多いです。敷き詰め絨毯は「moquette モケットゥ」。

観葉植物
plante verte (f)
プロントゥ ヴェルトゥ

写真
photo (f)
フォト

額
cadre
キャードゥる

ソファー
canapé (m)
キャナペ

ローテーブル
table basse (f)
ターブル バス

絨毯
tapis (m)
タピ

生活のなかで | 1

料理をします。
Je cuisine.
ジュ　キュイズィンヌ

フランス料理のイメージが強いフランスですが、家庭料理はシンプルなものも多いです。人を招くときには、前菜～メイン～チーズ～デザートとばっちり出しますが、普段は焼いた肉と付け合わせ（芋とかインゲンとか）くらい。後はサラダとチーズなど。和食に比べて、使用するお皿の数が少ないので、洗うのも楽です。

[オットびっくり。デカデザート]
フランスの家庭でお食事をごちそうになるとき、必ずデザートが出ます。自家製タルトなどが定番ですが、丸々の大きなタルトを、人数分で均等に切り分けます。たくさん人がいるときは小さめのサイズになります。でも、3人のときに、普通に三等分されたときには、え～～っ！と、びっくりしました～。いくらなんでも大きいのでは？

掃除をします。
Je fais le ménage.
ジュ フェ ル メナージュ
（たまにしかやらないのに、まるで毎日やっているように語る男性も多い）

洗濯をします。
Je fais la lessive.
ジュ フェ ラ レスィーヴ

食器を洗います。
Je fais la vaisselle.
ジュ フェ ラ ヴェッセル

あたしは掃除婦じゃない！
Je ne suis pas une femme de ménage!
ジュ ヌ スィ パ ズヌ ファム ドゥ メナージュ
（夫婦ゲンカのときに。パリでは特にお金持ちでなくても、忙しいときは掃除の人を頼むことはめずらしくありません）

053

エプロン
tablier(m)
タブリエ

テーブルウェア
（ナイフ、フォークなど）
couvert(m)
クーヴェール

皿（各自の）
assiette(f)
アスィエットゥ

盛り皿
plat(m)
プラ

ロウソク
bougie(f)
ブジ

仕事について 1 🔊 23

職業は何？
Qu'est-ce que tu fais dans la vie?
ケ ス ク テュ フェ ドン ラ ヴィ

年齢はあまり尋ねないフランス人も、職業は尋ねます。何の仕事をしているかは、はじめて会ったときの定番の話題。フランス人の女性はたいてい仕事をしているので、「子育て中です」「主婦です」などと答えると、「え？ でも、その前は何してたの？ どうして今は何もしていないの？」と、ちょっと非難めいたトーンを感じることも。適当な仕事を答えておいた方が無難な場合も…。

[vous で話すときは]
vous で話す間柄だったら「Qu'est-ce que vous faites dans la vie? ケ ス ク ヴ フェットゥ ドン ラ ヴィ」。直訳は「あなたの人生、何をしていますか？」ですが、職業を尋ねるときの定型句です。人生における習慣や志を聞いているわけではありません。「夢を追ってる…」など、真剣に考えなくて OK。

広告業界で働いています。
Je suis dans la pub.
ジュ スィ ドン ラ ピュブ
(dans の後に、業種を入れるいい方)

弁護士です。
Je suis avocat.
ジュ スィ アヴォカ
(avocat など、職業・肩書の前には、冠詞が入らないのがポイント)

今は失業中です。
Je suis au chômage.
ジュ スィ オ ショマージュ
(転職もめずらしくないフランス。失業手当を上手にもらいながら、次を探しつつ、自分を磨くのも普通)

文学部の学生です。
Je suis étudiante en lettres.
ジュ スィ エチュディオントン レットラ
(男性だったら、「étudiant エチュディオン」)

オフィス
bureau(m)
ビュロー

仕事
travail(m)
トラヴァイユ

グラス
verre(m)
ヴェーる

ペン
stylo(m)
スティロー

数字 | 1

風船
ballon(m)
バロン

1, 2, 3
Un, deux, trois
アン　　ドゥ　　　トロワ

バレエ関係で聞いたことがあるかもしれません。フランス語を習いはじめたころ、数字を覚えるために、歩きながら、一歩一歩、アン・ドゥ・トロワ・キャットる…と言いながら100まで練習しました。数字が大きくなると、考えないと数字が出てこず、気付くと立ち止まっていたことも。値段や電話番号など、日常生活ではどうしても数字が必要になってくるので、せめて10まで覚えておくと便利です。

[電話番号]
電話番号は、「01 45 65 98 73」のように表記します。そして、一つずつ読まずに「zéro un ゼロアン (01)」の次は「quarante-cinq キャロントゥ サンク (45)」「soixante-cinq ソワソントゥサンク (65)」…と、2つの数字をセットにして読みます。

4, 5, 6,
quatre, cinq, six,
キャットる サンク スィス

7, 8, 9, 10
sept, huit, neuf, dix
セットゥ ユイットゥ ヌフ ディス

10まで数えて!
Compte jusqu'à dix!
コントゥ ジャスキャ ディス

だるまさんが、ころんだ!
Un, deux, trois, soleil!
アン ドゥ トロワ ソレイユ
(直訳は「1・2・3・太陽!」。フランスの子どもにもポピュラーな遊び)

10歳だよ!
J'ai dix ans.
ジェ ディゾン

何歳?
Tu as quel âge?
テュ ア ケラージュ

男の子
garçon(m)
ギャルソン

ケーキ
gâteau(m)
ギャトー

誕生日
anniversaire(m)
アニヴェるセーる

時間を言う 1

今、何時ですか?
Quelle heure il est?
ケルーる　　　　　　　　　イレ

「Vous avez l'heure? ヴザヴェ ラーる（時計をお持ちですか？）」は、知らない人に声をかけて時刻を聞く言い方で、気になる人に声をかけるときのフレーズとしてもよく使われます。以前、大きな公園の時計台の前で、「Vous avez l'heure?」と声をかけられたので、そこまでやる？と時計台を指しました。その後十数年、今でもたびたび聞かれはしますが、時刻を伝えるとたいてい、「ありがとう」とみなさんさわやかに去っていきます。それはそれで、ちょっとさびしいような…。

今、3時です。
Il est trois heures.
イレ トロワズーる
（C'est 〜ではなく、Il est 〜という言い方をします）

今、3時10分です。
Il est trois heures dix.
イレ トロワズーる ディス
（〜分とつけたいときは、そのまま数字だけつければ OK）

今、3時10分前です。
Il est trois heures moins dix.
イレ トロワズーる モワン ディス
（〜分前と言いたいときは、「moins モワン」を使用します）

今、何時でしょう?
Vous avez l'heure?
ヴザヴェ ルーる
（道で時間を聞くときなどに使用）

時計台
tour de l'horloge(f)
トゥーる ドゥ ロるロージュ

池
étang(m)
エトン

今、何時かわかりますか？
Vous avez l'heure?
ヴザヴェ ルーる

公園
parc(m)
パるク

え？
Pardon?
パるドン

［「何時？」にも、こんな言い方も］
「Il est quelle heure? イレ ケルーる」や「Quelle heure est-il? ケルーれティル」（←やや丁寧。教科書によく出てくる）という言い方もアリ。

| 時間を言う | 2 |

今、3時半です。
Il est trois heures et demie.
イレ　　　　　トロワズーれ　　　　　　　　　　　　　　ドゥミ

もちろん人によりますが、フランス人は、日本人より、時間に大ざっぱな気がします。個人的な約束などは、「8時に来てね！」と言った場合、8時半くらいに到着しても、そう大事でもない様子。まあ、家に招待された際は、やや遅めに行くのがマナーと言われていますが…。そして、「あと、15分くらいで着くね！ J'arrive dans un quart d'heure! ジャリーヴ ドン ザン キャるドゥーる」と言っておいて、30分以上かかることも珍しくなく、15分後のことすら人生よくわからないようです。もちろん仕事においては一般にもう少し正確です。

[時間に厳しい？]
とはいえ、もちろん人によります。筆者の義母宅など、ご飯に10分遅れると、「肉が焼けすぎてパサパサになっちゃうじゃない！」など、毎回夫が怒られます。

今、3時15分です。
Il est trois heures et quart.
イレ トロワズーれ キャーる

今、3時15分前です。
Il est trois heures moins le quart.
イレ トロワズーる モワン ル キャーる
（「15分前」というときは、quartの前にleが入るのがポイント）

今、正午です。
Il est midi.
イレ ミディ

今、夜中の12時です。
Il est minuit.
イレ ミニュイ

時
temps(m)
トン

腕時計
montre(f)
モントゥる

（大）時計
horloge(f)
オるロージュ

日にちを言う 1

今日、何曜日?
On est quel jour?
オネ　　　　ケル　　　　ジューる

この言い方は、曜日を聞くときに使います。On は「我々」という意味の口語形（nous よりくだけた表現。動詞の活用は il と同じ）。「on est」の代わりに、「nous sommes」を使用することもできます。

[今は何月目？]
フランス語の「○月」の呼び方には、数字が入っていません。日本語でいうと、「10月」ではなく、「神無月」という表現に近いかも。書類に日付を記入する際、フランス人の中には「Janvier ジョンヴィエ（1月）、Fevrier フェヴリエ（2月）...」と指を折り数え、「あ、○番目の月だ!」と理解し、そこでやっと数字で表記する人もいます。月名がそのまま数字の日本人には、ちょっと理解しがたい感覚です。
ちなみに、2016年5月22日だったら、「le 22/05/2016」「le 22/05/16」などと表記することもあります。

今日は月曜日。
On est lundi.
オネ ランディ

今日は何日？
On est le combien?
オネ ル コンビヤン
（日にちを聞きたいときは、「今日はいくつ?」という言い方をします）

今日は、5月22日です。
On est le 22 mai.
オネ ル ヴァンドゥ メ
（順番が日本語と逆。「日付・月」の順になります。日付の前に le が入るのがポイント）

今日は、2016年5月22日火曜日です。
On est le mardi 22 mai 2016.
オネ ル まるディ ヴァンドゥ メ ドゥーミル セーズ
（語順が日本語と完全に逆で、「火曜・22日・5月・2016年」に）

今日は何日？
On est le combien?
オネ ル コンビヤン

[曜日]
曜日は次の通りです。
「月曜日 lundi（m）ランディ」
「火曜日 mardi（m）まるディ」
「水曜日 mercredi（m）メるクるディ」
「木曜日 jeudi（m）ジュディ」
「金曜日 vendredi（m）ヴォンドゥるディ」
「土曜日 samedi（m）サムディ」
「日曜日 dimanche（m）ディモンシュ」。

| 天気を言う | 1 |

いい天気だね！
Il fait beau, hein?
イル　フェ　　　ボー　　　　アン

天気を表すときは、「il fait〜」を使用します。天気の話は、フランスでもやはり、なんてことはない会話の定番。近所の人やお店の人などと、一言コミュニケーションしたい。そんなときに欠かせません。また、「今日は25度まで上がるよ」「あなたの出身地は今の季節、何度くらい？」と、具体的な数字が会話にひんぱんに登場するのもフランスらしい気がします。

[そうだよね?]
「hein アン」は、「ね!?」と、同意を求める感じで、文の最後に付けて語尾を上げるように使用します。「C'est beau, hein? セ ボー アン（これきれいだよね!）」「C'est bon, hein? セ ボン アン（おいしいよね!）」のように使用。

寒いね。
Il fait froid.
イル フェ フロワ

暑いね
Il fait chaud.
イル フェ ショー

暑くないね。
Il fait pas chaud.
イル フェ パ ショー
(「寒いね!」のちょっとひねったフランス式の言い方)

暖かいね。
Il fait bon.
イル フェ ボン

デッキチェア
transat(m)
トろンザットゥ

パラソル
parasol(m)
パらソル

ビーチ
plage(f)
プラージュ

オランジーナ
Orangina
オろンジーナ

[太陽が大好き]
フランス人は太陽が大好き。シワシワになったり、シミができることなどお構いなし。(サングラスは忘れずに!)。

天気を言う 2

なんて天気だ!
Quel temps de chien!
ケル　トン　ドゥ　シヤン

直訳すると、「犬みたいな（ひどい）天気」という言い方。犬はフランス人には愛されている動物ですが、なぜかひどい意味の表現に使われることが多いようです。「mourir comme un chien ムりーる コム アン シヤン（犬のように死ぬ＝みじめな死にかた）」「mal de chien マル ドゥ シヤン（犬の痛み＝ひどい痛み）」「vie de chien ヴィ ドゥ シヤン（犬の生活＝みじめな生活）」など…。

[パリジャンは文句言い?]
パリの人は毎日、暑くても寒くても天気に対して文句を言っているような気がします。いつまでたっても慣れないのでしょうか?

なんてひどい天気だ!
Quel sale temps!
ケル サルトン

さむ〜!
Ça caille!
サ カイユ
（ちょっと砕けた言い方）

うんざりするなあ〜!
Ça me déprime!
サ ム デプリム

なんて暑さだ〜!
Quelle chaleur!
ケル シャルーる

雨
pluie(f)
プリュイ

なんて天気だ……。
Quel sale temps...
ケル サルトン

雨傘
parapluie(m)
パらプリュイ

[パリの街角には…]
近年、大分ましになってきましたが、パリの街角にはチラホラと、犬の糞が落ちています。踏まずに歩く技を身につけたら、すっかりパリジェンヌ。

Part 3 日常生活を楽しむ

| 電話する | 1 |

もしもし。
Allô.
アロー

電話に出るときに、一番に出てくる一言。「Allô, oui. アロー ウィ」などと出て、バリエーションを付けてみるのも、フランス人っぽい気がします。「聞こえない」「誰かいる?」というニュアンスで、「もしもし、もしもし!?」叫ぶときには、「Allô allô! アロ アロー」と言えばOKです。

[電話で話すのは難しい！]
同じフランス語を話すのでも、直接相手の目や表情を見て話すより、声だけを頼りに話す電話の方が難しいです。電話をするのがおっくうになり、つい用件を後回しにしてしまうこともしばしば。
決まり言葉を覚えておいたり、言いたいことを前もって整理しておいた方が、話しやすかったりしますが、まごついてしまったら、「すみません。今、わかりませんでした。(Excusez-moi, je n'ai pas compris. エクスキュゼ モワ ジュ ネ パ コンプリ)」と堂々と。理解できなくても、私は特に悪くない、とオドオドしないのがフランス風です…。

イザベルお願いします。
Je voudrais parler à Isabelle.
ジュ ヴドれ パるレ ア イザベール
(出たのが本人だったら、「Oui, c'est moi. ウィ セ モワ (私です)」と答えます)

今、迷惑じゃない?
Je te dérange pas?
ジュ トゥ デろンジュ パ
(口語なので ne が省略されています。p.25 参照)

よく聞こえない。
Je t'entends mal.
ジュ トントン マル
(電波が悪く聞こえづらいときに。フランス語がわからなかった！ときにもこんな言い訳でごまかしたり…)

またかけ直すね。
Je te rappelle plus tard.
ジュ トゥ らペル プリュ タール

061

今、いい?
Je te dérange pas?
ジュ トゥ デろンジュ パ

電話ボックス
cabine téléphonique(f)
キャビンヌ テレフォニック

水たまり
flaque d'eau(f)
フラック ドー

レインブーツ
bottes de pluie(f)
ボットゥ ドゥ プリュイ

| 電話する | 2 |

（そのまま切らずに）お待ち下さい。
Ne quittez pas.
ヌ　キテ　パ

tu で話す人には「Quitte-pas! キットゥ パ」。または、「ちょっとまって! Une seconde! ユン スゴンドゥ」。フランスでは、会社やお店などに電話をしても、担当者に代わる際、用件まで取り次いでくれず、「○○の用件なんですが…」「○○ですが〜」とはじめから説明しないといけないことが多く、大変面倒くさいです。しかも、「あ、それだったら、私ではありません!」と、たらいまわしにされることもしょっちゅうで、一つの電話に大変時間がかかります…。これも国民性??

[いかないで〜]
似たような表現に、「Ne me quittez pas. ヌ ム キテ パ」があります。「me ム（私から）」を入れただけで、「私から去らないで〜。別れないで〜!」という意味に!

彼女に代わります♪
Je te la passe.
ジュ トゥ ラ パス
（「彼に代わります」だったら「la ラ」の代わりに「le ル」を。瞬時に男女を判断するので難易度高し!）

どなたですか?
Vous êtes ...?
ヴゼットゥ…
（「あなたは…?」と相手の名前をうながす聞き方）

彼女は話し中です。
Elle est en ligne.
エレ テン リーニュ
（家ではあまり使わない気がしますが、会社などではよく使用されます）

彼はいません。
Il n'est pas là.
イル ネ パ ラ
（居留守のときもこう言ってもらいます）

どなたですか?
Vous êtes...?
ヴゼットゥ

もしもし
Allô
アロー

電話
téléphone(m)
テレフォンヌ

通話
communication téléphonique(f)
コミュニキャスィオン テレフォニック

スマートフォン
smartphone(m)
スマるトゥフォーヌ

携帯電話
téléphone portable(m)
テレフォーヌ ポるタブル

| 病院・薬局で | 1 |

熱があります。
J'ai de la fièvre.
ジェ　　ドゥ　ラ　　フィエーヴる

フランス人は平熱が高いのか、熱がっ!と思っても「37度!? 熱じゃないよ」とまったく同情してくれません。ので、「苦しい! でも37度しかない!（涙）」と思ったら、ちょっと大げさに伝えることをお勧めします…（当然、お医者さんには正確に伝えて下さい）。

咳が出ます。
Je tousse.
ジュ トゥス
(お医者さんにはたいてい、「乾いた咳？（toux sèche?）、それともねっとり咳？（toux grasse?）」と聞かれます。タンが絡んだら後者!)

かゆいです。
Ça me gratte.
サ ム グラットゥ

頭が痛いです。
J'ai mal à la tête.
ジェ マラ ラ テットゥ
(最近フランスでは、仕事中の緊張から急に開放されることが原因の「週末の頭痛持ち」というのが多いとか)

気持ち悪いです。
J'ai mal au cœur.
ジェ マロ クール
(心臓「cœur クール」が悪い（痛い）のではなく、「気分が悪い!」という意味)

[またドリプラン？]
フランスでは、何かにつけて「paracétamol パラセタモール」という解熱鎮痛剤が処方されます。商品名は「doliprane ドリプらン」「Dafalgan ダファルゴン」など、いろいろありますが、発熱、寒気、生理痛、歯痛、腰が痛い…、と新生児からお年寄りまで、なんでもかんでもコレ。妊婦や授乳中も処方されるので大変助かりましたが、ただ、使えば使うほど、体が慣れてしまって、効き目が薄くなるらしく、「もう、ドリプランじゃ効かないの、私の頭痛…」と言っている人も。さすが薬大消費国のフランス。

薬局
pharmacie(f)
ファるマスィ

処方箋
ordonnance(f)
オるドノンス

薬
médicament(m)
メディキャモン

錠剤
comprimé(m)
コンプリメ

熱があります。
J'ai de la fièvre.
ジェドゥ ラ フィエーヴる

| 健康 | 1 | 🔊 28 |

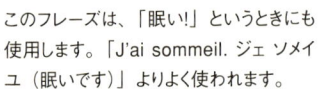

疲れてます。
Je suis fatigué(e).
ジュ スィ ファティゲ

このフレーズは、「眠い!」というときにも使用します。「J'ai sommeil. ジェ ソメイユ（眠いです）」よりよく使われます。「Je suis fatigué(e) de tout. ジュ スィ ファティゲ ドゥトゥ（すべてに疲れた＝何もかもいや）」「Je suis fatigué(e) de toi. ジュ スィ ファティゲ ドゥトワ（君にはうんざりだ）」など、いろいろ応用できます。洋服などにも「Elle est fatiguée. エレ ファティゲ（それ、古びてるね）」なんて感じでも。

弱っています。
Je me sens faible.
ジュ ム ソン フェーブル
（「何をやるにも力がない～」なんていうときに）

すごく疲れてる。
Je suis crevé(e).
ジュ スィ クるヴェ
（「ほとんど死んでる～」といった意味のくだけた言い方）

もうだめだ～!
J'en peux plus ...
ジョン プ プリュ
（「これ以上は何もできない!」というときに）

彼は落ち込んでいます。
Il est déprimé.
イレ デプリメ
（理由があって落ち込んでいるとき、ウツ状態のときにも使用します）

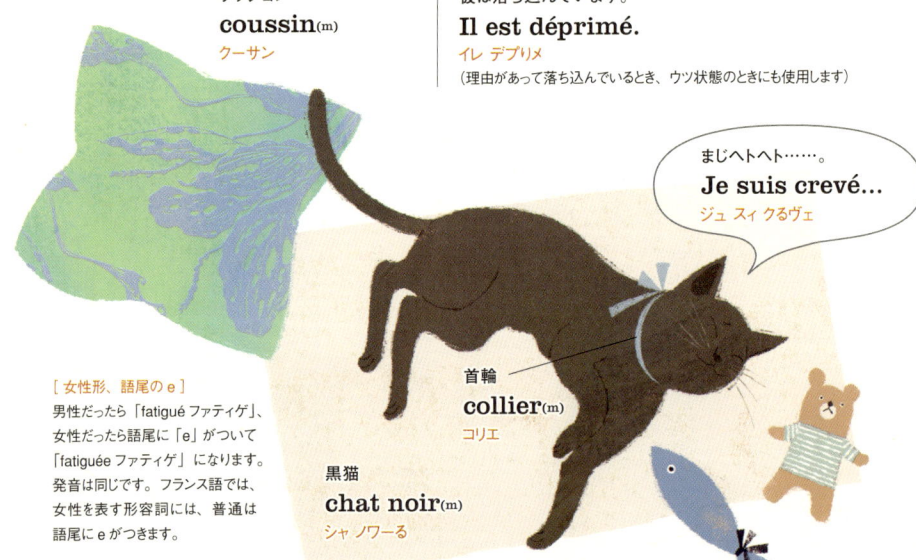

クッション
coussin(m)
クーサン

まじヘトヘト……。
Je suis crevé...
ジュ スィ クるヴェ

首輪
collier(m)
コリエ

黒猫
chat noir(m)
シャ ノワーる

[女性形、語尾の e]
男性だったら「fatigué ファティゲ」、女性だったら語尾に「e」がついて「fatiguée ファティゲ」になります。発音は同じです。フランス語では、女性を表す形容詞には、普通は語尾に e がつきます。

健康 | 2

元気です。
Je suis en forme.
ジュ　スィゾン　　　　フォるム

肉体的、または精神的に元気なときに。発音は、リエゾンして「ジュ スィゾン フォるム」でも、リエゾンせず「ジュ スィ オン フォルム」でも、両方可です。リエゾンした方が、丁寧（エレガント?）な感じの話し方になります。
リエゾンは、本来は発音されない単語末の子音が、次にくる単語が母音ではじまるときに発音される、という現象です。必ずリエゾンするとき（例：Vous êtes ヴゼットゥ。→ヴ エットゥにはならない）と、どちらでもよい（上記）場合があります。

[en]
en には、いろいろな意味がありますが、ここでは状態を表しています。「Je suis en colère! ジュ スィ オン コレーる（私は怒っている）」「Il est en retard. イレ オン ルタール（彼は遅れている）」など。

自分が強く感じる。
Je me sens fort(e).
ジュ ム ソン フォーる (トゥ)
（自然に触れて活力を吸収したり、子どもを産んだときなどによく使用）

今日はいい気分です。
Je me sens bien.
ジュ ム ソン ビヤン
（よく寝たときや、病み上がりなどに）

元気だね!
T'as la pêche!
タ ラ ペッシュ
（pêche はもともと「桃」という意味。異様に張り切っている人などに）

顔色いいね。
T'as bonne mine.
タ ボンヌ ミンヌ
（「健康そうだね。元気そうだね」、あるいは「よく焼けてるね!」という意味でも使われます。バカンス明けなどに）

顔色いいね!
Tu as bonne mine.
テュ ア ボンヌ ミンヌ

うん、今日は気分がいい。
Oui, je me sens bien aujourd'hui.
ウィ ジュ ム ソン ビヤン オージュるデュイ

| フランスの行事 | 1 | 🔊 29

日常生活を楽しむ

よいお祭りを!
Bonnes fêtes!
ボンヌ　　　　フェットゥ

クリスマス、お正月前には、別れ際にこれが連発され、つかの間のバカンス気分に突入です（とはいえ、お正月の休みは、1日だけで、2日からは通常業務ですが…）。母の日には、プレゼントと共に「Bonne fête, maman! ボンヌ フェットゥ マモン」と、甘えた声で祝います。この日は、結構お歳のオジさまなども、花束を持って歩いています。

メリークリスマス!
Joyeux Noël!
ジョワイユー ノエル

新年おめでとう!
Bonne année!
ボンナネ

よいバカンスを!
Bonnes vacances!
ボンヌ ヴァコンス
（夏休み前の時期に、人と別れるときに必ず言う言葉）

お誕生日おめでとう!
Bon anniversaire!
ボンナニヴェルセーる

あなたの願いに!
À tes souhaits!
ア テ スエ
（行事ではないですが、くしゃみをした人に）

あなたもね!
À toi aussi!
アトワ オスィ

ありがとう。
Merci.
メるスィ

良いバカンスを!
Bonnes vacances!
ボンヌ ヴァコンス

ブレスレット
bracelet(m)
ブらスレ

[聖人の日?]
フランスはある時期まで、聖人カレンダー（○月○日、聖○○の日と記してある）に載っている聖人名しか、子どもの名前につけられなかったそうです。なので、ニコラとかリュックとか同じよう名前が多く、書類上区別するために、第2・第3の名前をつけたり、名字の方で差を付けた（!）そうです。これらの名前には、お祝いの日（例えば、リュックだったら、10月18日）が決まっていて、その日になると、特にママン（ママ）が電話などで「Bonne fête! ボンヌ フェットゥ」と祝ってくれます。

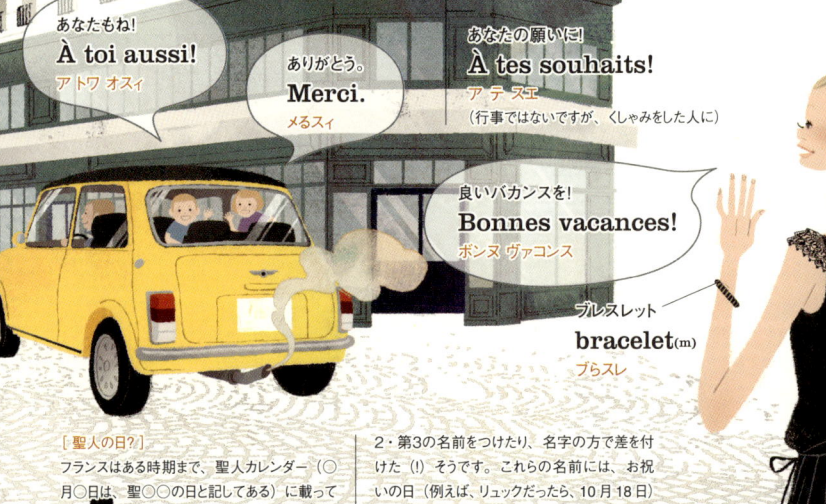

Part 4

買い物を楽しむ
Faire ses courses

自分の感性を大切にして
本当に好きなものだけ買うのが
パリジェンヌ流

お金を支払う 1 🔊 30

いくらですか？
C'est combien?
セ　　　コンビヤン

「これはいくらですか？」と、欲しいものを示しながら使用します。カードで支払うときはお店によって、利用できる最低額が決まっています。15 ユーロからとか、10 ユーロから、1 ユーロから、などさまざまです。現金の持ち合わせがない場合、小額でもカードで払えないと困ってしまう場合もありますが、「決まりですから！」と、全く受け付けてくれないときと、ちょっとくらい融通を利かせてくれるときがあります。どんなレジの人に当たるか、運に左右されるのもフランス的…（P.96 参照）。

[10 € 20 €札の持ち合わせが便利]
フランス人はあまり大きな額のお札（一万円相当の100 ユーロ札など）を持ち歩きません。500 ユーロ札においては、見たこともない！という人も。小額なのに大きなお札での支払いは嫌がられることも…。

（全部で）おいくらですか？
Ça fait combien?
サ フェ コンビヤン
（「選んだものを合わせていくら？」という聞き方）

○○ユーロではないんですか？
Ce n'est pas ○○ euros?
ス ネ パ ○○ ウロ
（表示されている値段と違う値段を請求されることもなくはない…）

カードで払います。
Je vais payer par carte.
ジュ ヴェ ペイエ パる キャるトゥ
（フランスでよく使われているカードは、CB と書いてあるデビットカードのカルトブルー）

会計はどこですか？
Où est la caisse?
ウ エ ラ ケス
（「CAISSES」と書いていあるところがレジです）

店員
vendeur, vendeuse
ヴォンドゥー、ヴォンドゥーズ

衣服
vêtement(m)
ヴェットゥモン

陳列棚
étalage(m)
エタラージュ

お客
client(e)
クリヨン（トゥ）

バーゲン
soldes(m)
ソルドゥ

お金を支払う | 2

14 ユーロになります。
Ça vous fait quatorze euros, s'il vous plaît.
サ ヴ フェ キャトーるズュロ スィル ヴ プレ

単に、「Quatorze euros. キャトーるズュろ（14 ユーロです）」のことも。フランスの店員さんは、高級店を除くと、「お客さまなんだから、相手には丁重に」という感じではなく、あくまでも関係は対等（というか、感じの悪い人も多し）。それに慣れると日本での店員さんの丁寧さに申し訳なく感じてしまうほどです…。

[お釣りは足し算式 !?]
フランス人のお釣りの勘定は、引き算ではなく足し算式です。12 ユーロのものを 20 ユーロ札で払ったら、店員さんは 1 ユーロを出して「これで 13 !」、さらに 2 ユーロを足して「これで 15 !」、最後に 5 ユーロ札を足して「ハイ! これで 20 ユーロ !!」とやって、8 ユーロのお釣りを完成させます。ブラボー!

細かいのはないですか?
Vous n'avez pas de monnaie?
ヴ ナヴェ パドゥ モネ
(計算がそんなに得意でもない (?) フランス人。支払いのときに、気を利かせて小銭を加えても、「(なにこれ?) いらない」と言われることも多いです。でも、たまにこんな風に聞かれることも)

10 サンチームはお持ちですか?
Vous avez 10 centimes?
ヴ ザヴェ ディ ソンティーム
(ユーロになってから、ユーロ以下はセントと書いてありますが、フランスではフランのときと同様に「サンチーム」と言い続けています)

お支払いはどんな形で?
Vous réglez comment?
ヴ れグレ コモン
(「カードですか? 現金ですか? 小切手ですか?」と聞いています。フランスでは個人でも小切手をよく使います)

1 ユーロ
un euro
アンヌロ

5 ユーロ
cinq euros
サンクキュロ

2 ユーロ
deux euros
ドゥズろ

小切手
chèque(m)
シェック

10 サンチーム
dix centimes
ディ ソンティーム

1 サンチーム
un centime
アン ソンティーム

財布
portefeuille(m)
ポるトゥフイユ

クレジットカード
carte de crédit(f)
キャるトゥ ドゥ クれディ

服を買う 1

（とりあえず）見ているだけです。
Je regarde seulement.
ジュ　るギャるドゥ　スルモン

フランスではもともと、ウインドウを見て気に入ったらお店に入るのが基本らしく、お店に入れば店員さんが、「Je peux vous aider? ジュ プ ヴゼデ（何かお手伝いできることがありませんか？）」と寄ってきます（ZARA など、大型店ではそんなことはない）。「ちょっと一人で見たい」と思ったら、こう言います。

試着していいですか？
Est-ce que je peux essayer?
エス ク ジュ プ エッセイエ
(何事も言葉のコミュニケーションが大事な国。ダメ！とはあまり言われませんが、一応了解を得ます)

試着室はどこですか？
Où est la cabine d'essayage?
ウ エ ラ キャビヌ デセイヤージュ
(H&M などでは、何点試着室に持ち込んだか札を渡されるところも)

鏡はどこですか？
Où est le miroir?
ウ エ ル ミロワーる
(服屋さんなのに、近くに鏡がないことも…。さすが自由（なんでもアリ）の国…)

洗濯はどのように？
Ça se lave comment?
サ スラヴ コモン
(あまりにも洗濯が面倒くさい素材だと、結局着なかったり…)

[列より会話の終わりを待て？]
フランスで一番有名（?）な接客風景と言えば、店員さん同士で、ペラペラおしゃべりをして客を平気で待たせることでしょうか。彼らの会話にずうずうしく加わるくらいがストレスレス生活のコツかもしれません…。一方、ユニクロパリ店での日本式テキパキした接客が大変好評なようなので、フランス人自体がダラダラ接客されるのが好き」という訳ではないようですが、一向に他店が変わる気配は見られません。

書店
librairie(f)
リブれり

ショーウインドウ
vitrine(f)
ヴィトゥりヌ

ブティック
boutique(f)
ブティック

| 服を買う | 2 |

これより大きいサイズはありますか？
Vous avez la taille au-dessus?
ヴザヴェ　ラ　タイユ　オ ドゥスィユー

フランス人は、しつこくしつこく、自分が納得ゆくまで試着をします（しまり屋というか、ムダ遣いをしない）。大きすぎないか、こんな色でいいか、Tシャツ一枚でも、じっくり考察。何枚も試着していると、店員さんによっては、明らかに面倒くさそうにしますが、そんなことは気にしません。逆に、さっと見るだけで「これください」と言うと、店員さんが驚くことも…。

これより小さいサイズはありますか？
Vous avez la taille en dessous?
ヴザヴェ ラ タイユ オン ドゥスー

別の色はありますか？
Vous avez d'autres couleurs?
ヴザヴェ ドートる クールーる

これの黒はありますか？
Vous l'avez en noir?
ヴ ラヴェ オン ノワーる

ワンピース
robe(f)
ろーブ

ブラウス
chemisier(m)
シュミズィエ

ネックレス
collier(m)
コリエ

スカート
jupe(f)
ジュップ

ジャケット
veste(f)
ヴェストゥ

スカーフ
écharpe(f)
エシャるプ

バレエシューズ
ballerines(f)
バルリンヌ

服を買う 3

似合う?
Ça me va bien?
サ　ム　ヴァ　ビヤン

ちょっとカジュアルな聞き方ですが、気さくな店員さんだったら、こんな風にアドバイスを求めてもOK。「どう見ても似合ってない！こんなの私じゃない！」と思うのに、「よくお似合いですよ〜！」と言われたら、「Vraiment?　ヴレモン（本当に？）」と、あまり人の言うことを信じないのもパリジェンヌ式。

小さすぎませんか?
Ce n'est pas trop petit?
ス ネ パ トロ プティ
(でも、「こんな風に着るのが今年風ですよ！」と言われて、本当だったらいいですが、出まかせの場合も…)

私には似合いません。
Ça me va pas.
サ ム ヴァ パ

あまり好きじゃない。
Je n'aime pas trop.
ジュ ネム パ トロ
(自分が好きか好きでないかは、個人の自由なので、堂々と)

う〜ん、よくわからない。
Hum, je ne sais pas trop.
ウム ヌ セ パ トロ

試着室
cabine d'essayage(f)
キャビンヌ デッセイヤージュ

いいえ、ピッタリです。
Non, c'est parfait!
ノン セ パルフェ

小さすぎませんか？
C'est pas trop petit?
セ パ トろ プティ

売り場
rayon(m)
れイヨン

カーテン
rideau(m)
リドー

試着する
essayer
エッセイエ

| 服を買う | 4 |

もう少し考えます。
Je vais réfléchir.
ジュ　ヴェ　れフレシーる

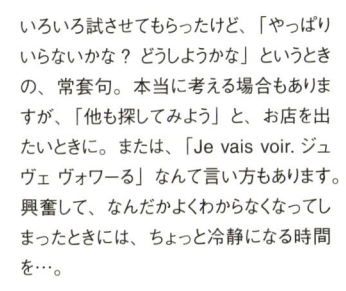

いろいろ試させてもらったけど、「やっぱりいらないかな？どうしようかな」というときの、常套句。本当に考える場合もありますが、「他も探してみよう」と、お店を出たいときに。または、「Je vais voir. ジュ ヴェ ヴォワーる」なんて言い方もあります。興奮して、なんだかよくわからなくなってしまったときには、ちょっと冷静になる時間を…。

[ずうずうしい？堅実？]
こんなに試したのに、何か買わないと悪いかな？なんて気持ちはパリジェンヌにはないようです…。

これ下さい。
Je prends ça.
ジュ プろン サ
(買うときは、縫製のよさ、穴がないか？なども、自己責任(？)で確認するのも普通)

また来ます。
Je reviendrai.
ジュ るヴィヤンドゥれ
(戻ってくるかは決めてなくても、こう言って店を出るきっかけを)

これ取っておいてもらえますか？
Vous pouvez le mettre de côté?
ヴ プヴェル メットる ドゥ コテ
(「無理です!」と言われることもありますが、一応…)

ハンガー
cintre(m)
サントゥる

新作
nouvelle collection(f)
ヌーヴェル コレクスィオン

またお待ちしています。
Merci, et à bientôt!
メルスィ エ ア ビヤント

レジカウンター
caisse(f)
ケス

[パリジェンヌはいくつになってもコケット]
コケット（coquette）とは、自分を魅力的に見せようと努力している女性のこと。10代前半の子がパンプスに長い脚を見せびらかしながら、滑り台（！）をしていたり、育児ママでも綺麗にしているし（子どもより自分優先になりすぎてる、などの善し悪しは別）、おばあさんでも若者と混じって（H&Mなどで）、「これ似あう？」と普通に買い物しています。

雑貨を買う 1

プレゼント用にしていただけますか?
Vous pouvez me faire un paquet cadeau?
ヴ　プヴェ　ム　フェーる　アン　パケ　キャドー

「さすがおフランス!」というくらい、センスのいいプレゼント包装をしてくれるお店もいっぱいありますが、「え? 何これ? 自分でやった方がまだましでは…?」というお店もやはりあります。
そんな場合は、クリスマスや誕生日のプレゼントなど自分で包装することの多いフランス人の気分で素敵な包装紙を売っているお店へ GO!

[フランス流! 気にいらないときはきっぱりと!]
「違う!」と思ったら、きっぱり言うのも上手に買い物するコツ。相手に気を使ってやむやにしていると、あまりこちらの気持ちをくみ取ったりしてくれないので、見当違いなものをたくさん勧められ。その上、「一体、こういうの好きなの? 好きじゃないの? わけ分からない!!!」と、逆に店員さんにイライラされてしまいます。

これの新しいのはありますか?
Vous en avez un neuf?
ヴゾナヴェ アン ヌフ
(薄汚れた展示品をそのまま包もうとする店員さんもいるので、ぜひ、こう尋ねてみて下さい)

触っていいですか?
Je peux toucher?
ジュ プ トゥシェ
(店によっては、勝手に触るとムッとされることも。一応許可を…)

母へのプレゼントを探しています。
Je cherche un cadeau pour ma mère.
ジュ シェるシュ アン キャドー プーる マ メーる
(相手によっては、親身になって、いろいろアドバイスくれることも)

探しているものとちょっと違います。
Ce n'est pas exactement ce que je cherche.
ス ネ パ ゼグザクトゥモン ス ク ジュ シェるシュ
(欲しくないものを買ってしまわないためにキッパリと)

箱
boîte(f)
ボワットゥ

せっけん
savon(m)
サヴォン

プレゼント
cadeau(m)
キャドー

水玉模様の
à pois
ア ポワ

香水
parfum(m)
パるファン

ストライプの
à rayures
ア れイユーる

| 宝石店に行く | 1 |

試してもいいですか？
Puis-je essayer?
ピュイージュ　　エッセイエ

こう言って、ガラスケースのなかに入っているものを出してもらいます。

[個性が大事？]
いわゆる高級宝石店は結婚指輪を探していたときにしか入ったことはありませんが、せっかくパリにいるんだし！といくつかの有名どころに。どこに行っても、「Ça colle exactement à votre personnalité. サ ユル エグザクトゥモン ア ヴォトゥる ぺるソナリテ（これはあなたの個性にぴったりです！）」というのが褒め言葉でした。私の個性をご存じだったのかは謎。

今シーズンのコレクションですか？
C'est la collection de cette saison?
セ ラ コレクスィオン ドゥ セットゥ セゾン

素材は何ですか？
C'est en quoi?
セトン コワ

銀ですか？
C'est en argent?
セトナるジョン

本当にキレイですね！
Il est vraiment beau!
イレ ヴれモン ボー

本当にキレイだね。
Il est vraiment beau!
イレ ヴれモン ボー

金
or(m)
オーる

銀
argent(m)
アるジョン

豪奢
luxe(m)
リュクス

プラチナ
platine(m)
プラティン ヌ

ダイヤモンド
diamant(m)
ディアモン

指輪
bague(f)
バーグ

試してもいいですか？
Puis-je essayer?
ピュイー ジュ エッセイエ

靴を買う | 1

同じものでサイズ 38 はありますか？
Vous avez la même mais en 38?
ヴザヴェ　　　　ラ　メーム　メ　　オン　トろンテュイットゥ

フランスの靴のサイズは、日本のセンチ表示と違うので、「サイズは？」と聞かれて、困ってしまうことも。もちろん、メーカーによっても少しずつ変わってくるので、必ず試します。そして、お願いすればサイズを計ってくれます。ちなみにサイズ 38 は、24〜24.5cm ぐらいです。

ここが痛いです。
Ça me fait mal, là.
サ ム フェ マル ラ
（「là ラ（ここ）」と痛いところを示しながら）

本革ですか？
C'est du vrai cuir?
セ デュ ヴれ キュイーる

自分のサイズがわかりません。
Je connais pas ma pointure.
ジュ コネ パ マ ポワンチューる

測っていただけますか？
Vous pouvez reprendre ma pointure?
ヴ ブヴェ るプろンドる メ マ ポワンチューる

[靴あっての人生？]
歩けない赤ちゃんのときから、靴下だけだと、「おらら〜、靴を履かせなきゃ〜！」と通りがかりのおばあさんに言われます。歩けるようになったら、早速靴屋さんで足首までカバーされている革靴を購入。お値段もしますが、衣の基本？ その後もしばらくは、靴屋さんに入れば、慣れた感じで計りに足をのせ、サイズを測ってもらうのが小さなパリジェンヌ。

靴
chaussure(s)(f)
ショスュューる

（靴の）サイズ
pointure(f)
ポワンチューる

黒
noir
ノワーる

ハイヒール
escarpin(s)(m)
エスキャるパン

赤
rouge
るージュ

| 花を買う | 1 |

ブーケ
bouquet(m)
ブケ

これとこれで花束を作っていただけますか?
Vous pouvez me faire un bouquet avec ça et ça?
ヴ　プヴェ　ム　フェーる　アン　ブケ　　アヴェクサ エ サ

花束は、人の家に行くときや、何かのお祝いのときの手土産の定番。男性の姿も花屋さんでよく見かけます(彼女や奥さん、お母さんへのプレゼント)。花束を作る際の花の選び方も、センスを問われるところです。同じ花屋さんでも、先端のセンスのいい花束作りを売りにしているところや、安くて新鮮!というのを売りにしているところなど、いろいろあります。

[ブーケも重要な小道具]
母の日、バレンタインの日などには、どこもかしこも花束をもって、街歩く男性が出没。普通の日でも、「これは素敵!」なんて花束を持って歩いていると、「そのブーケはどこで作ってもらったんですか?」など、知らない人に聞かれることも。日々チェックを怠らない?

これは長く持ちますか?
Ça va tenir longtemps?
サ ヴァ トゥニール ロントン
(せっかくプレゼントしても、明日にはしおれてしまっては残念!)

もうすこし、新鮮なものはありますか?
Vous en avez de plus fraîche?
ヴゾナヴェ ドゥ プリュ フレッシュ
(特に得意客でないと、古い花をもたされることもあるので注意!)

これは何という名前の花ですか?
Comment ça s'appelle cette fleur?
コモン サ サペール セットゥ フルーる

水はたくさんあげますか?
Il faut leur donner beaucoup d'eau?
イル フォ ラーる ドネ ボークー ドー
(知らない花の場合は、花びんに入れる水が少しがいいのか、多い方がいいのか確認。チューリップは少なめ、など)

薔薇
rose(f)
ろーズ

カラー
calla(m)
キャラ

花
fleur(f)
フルーる

ミモザ
mimosa(m)
ミモザ

化粧品を買う | 1

自然な原料の化粧品を探しています。
Je cherche un produit naturel.
ジュ　シェるシャン　　　プロデュイ　　　ナチュれル

最近は、自然派の化粧品も流行りで、スーパーなどでも、自然派（または「BIO ビオ（オーガニック）」）の化粧品をよく見かけます（とは言え、100パーセントでなくても、自然とうたっているものもたくさんあるので、注意が必要ですが…）。化粧水はどちらかというとクレンジングに使用、保湿は乳液よりクリーム、とちょっと日本と方式が違うので、はじめは売り場で戸惑うかもしれません。

[白くなる薬？]
フランスに来たばかりのころ、美白の化粧品が欲しかったのですが、言葉がつたなく、「美白の…」の代わりに直接的に、「（肌が）白くなるものを！ Pour être blanc.（プール エートる ブロン）」と、言ってしまいました。店員さんは、「白人になるための？」と理解して、「そんなのないわよ」と、たしなめるように言われてしまいました…。

どこで見つかるかご存知ですか？
Vous savez où ça se trouve?
ヴ サヴェ ウ サ ストるーヴ
（詳しい人に運よく当たるかもしれません）

○○というのはありますか？
Vous avez un produit qui s'appelle ○○?
ヴザヴェ アン プろデュイ キ サペール ○○
（やはり人それぞれ、親身になって調べてくれる場合も）

アレルギー対応のものはありますか？
Vous avez des produits hypoallergeniques?
ヴザヴェ デ プろデュイ イポアレるジェニック
（目が赤くなったり、肌がゆくなったり、それ対応のものもあります）

美白の商品はありますか？
Avez-vous des produits blanchissants?
アヴェヴ デ プろデュイ ブロンシソン
（夏の日焼けがステイタスのフランスでは、あまり見かけません！しみも気にしてない人も多い！）

化粧水
lotion(f)
ロースィオン

クレンジング
démaquillant(m)
デマキヨン

化粧用の
cosmétique
コスメティック

クリーム
crème(f)
クレーム

本・CDを買う | 1

○○という本を探しているのですが。
Je cherche un livre qui s'appelle ○○.
ジュ シェるシャン　　　リーヴる　キ　サペール ○○

本屋さんは、電化製品のお店などに比べると、扱っている商品について詳しい店員さんが多いように思えます（電化製品の店員は間違いを堂々と教えたり、単にカタログを読むだけなど、あまり意味がない人が多い）。本の名前がわかっているときはもちろん、「こんな感じの…」と説明すると、いろいろすすめてくれたり、店員さんと話すことが役立つというか、楽しくコミュニケーションできます。

料理本のコーナーはどこですか？
C'est où le rayon des livres de cuisine?
セ ウル れイヨン デ リーブる ドゥ キュイズィンヌ

何かお勧めはありますか？
Vous pouvez me conseiller quelque chose?
ヴ プヴェム コンセイエ ケルク ショーズ

これを視聴できますか？
Je peux l'écouter?
ジュ プ レクテ

プレゼントですか？
C'est pour offrir?
セ プール オフリーる

料理でオススメの本はありますか？
Vous pouvez me conseiller un livre de cuisine?
ヴ プヴェム コンセイエ アン リーヴる ドゥ キュイジーヌ

趣味
loisirs
ロワズィーる

子どもの本
livres pour enfants
リーヴる プーる オンフォン

バンドデジネ（漫画）
bandes dessinées(BD)
ボン デスィネ（ベデ）

文学
littérature
リテらテテューる

実用
vie pratique
ヴィ プ らティック

079

スーパーで 1 🔊 36

○○はありますか？
Vous avez ○○?
ヴ ザヴェ

慣れないスーパーでは、欲しいものを見つけるのに時間がかかるもの。それを楽しむ時間があるときはいいですが、そうでないときは、そのあたりにいる店員さんにこう聞きます。ただ、入り口近くに立っている（たいていガタイのいい）人は、警備員さんのことが多いので、尋ねても商品のことはよく知りません。

[この値段違う！]
スーパーで、店内に表示されている金額より高く、レジで請求されることも珍しくないです。バーコードをピッと通すだけなので、レジに登録されている値段が本物、店内表示が間違い。でも規則では、店内表示の値段でお客さんは買い物できるそうです。高く払ってしまった場合、文句を言えば払い戻してくれます。ただ、文句を言うために並んだり、時間がかかるので、小額だったら大抵泣き寝入りです…。

ちょっと助けていただけますか？
Vous pourriez m'aider?
ヴ プリエ メデ
(手が届かない高いところに置いてあるものが欲しいときに。おばあさんなどにこう頼まれたら、助けてあげましょう〜)

値段が知りたいのですが。
J'aimerais bien connaître le prix.
ジェムれ ビヤン コネットる ル プリ

○○ユーロと書いてあったのですが。
J'ai vu que c'était ○○ euros.
ジェ ヴュ ク セテ ○○ ウロ

レジで計るんですか？
On les pèse à la caisse?
オン レ ペーズ ア ラ ケス
(フランスのスーパでは、野菜・果物を前もって備えつけの量りで量って、出てくる値段シールを貼って会計に持って行くところもあります。そうでなければレジで量ってくれます)

ピクルス
cornichon(m)
コルニション

ツナ
thon(m)
トン

クッキー
gâteau sec(m)
ギャトー セック

牛乳
lait(m)
レ

玉ねぎ
oignon(m)
オニヨン

紅茶
thé(m)
テ

返品・交換をたのむ | 1

これは動きません。
Ça ne marche pas.
サ ヌ マるシュ パ

日本でも初期不良の電化製品は存在しますが、フランスでも残念ながら同じです。しかも、ちゃんと領収書もあるのに、製品の入っていた箱がないと、「交換はできない！修理だけ‼」と言われてしまうこともあります。ちゃんと使えるかどうか十分確認してから、外箱を捨てるのがフランス風の知恵（？）です…。

[技術大国？]
電化製品はネットで買った方が安いですが、壊れたときのために、保証付きのお店で買った方が安心です（壊れるものが多い）。買ったばかりの乾燥機が壊れたときに、修理に来てくれた技術者さんが、「この乾燥機は結構いいよ！確かにこの部品が壊れやすいけど、取り換えればすぐ使えるからね。うちももう、3度取り替えたし」とおっしゃっていました。ご自分で直せるからお宅はいいかもしれないけど…。

昨日買ったのですが…。
Je l'ai acheté hier.
ジュ レ アシュテ イエーる

これが領収書です。
Voilà, la facture.
ヴォワラ ラ ファクチューる
（領収書はやはり必要）

これ替えていただけますか？
Pourriez-vous le changer?
プリエヴ ル ションジェ
（直したところで、時間もかかるし、ちゃんと直らないことも多い）

返金していただけますか？
Vous pouvez me rembourser?
ブ プヴェ ム ろンブるセ
（きちんとシステムの整ったお店では返金してくれますが、そうでないと一苦労…）

これ替えていただけますか？
Pourriez-vous le changer?
プリエ ヴ ル ションジェ

できません。
Je ne peux pas.
ジュ ヌ プ パ

修理
réparation(f)
れぱらスィオン

領収書
facture(f)
ファクチューる

返金
remboursement(m)
ろンブるスモン

クレーム
réclamation(f)
れクラマスィオン

081

蚤の市で 1 🔊37

私にはちょっと高いです。
C'est un peu cher pour moi.
セタン　　　　プ　　シェーる　　プーる　モワ

見ているだけでも楽しい蚤の市ですが、詳しい人と一緒に行くと、また違った楽しさも。「これはこの時代にはこんな風に使われていた」と教えてもらったり、「これは美しい！」と激しく感嘆する姿を見て、そういうものか〜！とフランス文化の勉強にもなります。また、「これは、偽物。ぼってるわ！」「ちょっと前より3倍の値段だ！」などと現代のフランスも学べます。

いいですね。
J'aime bien.
ジェム ビヤン

これ、キレイ！
C'est beau, ça!
セ ボー サ
（会話のきっかけに）

おいくらですか？
C'est combien?
セ コンビヤン

安いですね。どうして？
C'est pas cher du tout. Pourquoi?
セ パ シェーる デュトゥ プーるコワ
（まさか、「偽物だからね」と（正直に）言われることはないと思いますが、疑問に思ったら）

[歴史が大事？]
古いものを自分の家に置く人は多いです。そもそも、家族代々伝わる家具などがある家も珍しくないので、それに合わせて古いもの新しいものを自分なりに調合しています。

蚤の市
marché aux puces(m)
まるシェ オ ピュス

鳥かご
cage(f)
キャージュ

古い、骨董の
ancien(ne)
オンスィヤン ＼ オンスィエンヌ

脚立
escabeau(m)
エスキャボ

照明スタンド
lampadaire(m)
ロンパデーる

7ユーロでいいですよ。
Je vous la fais 7 euros.
ジュ ヴ ラ フェ セットゥロ

これ、おいくらですか？
C'est combien ça?
セ コンビヤン サ

黒板
tableau (noir)(m)
タブロー (ノワーる)

| 蚤の市で | 2 |

割引してもらえますか?
Vous pouvez me faire un prix?
ヴ　　　ぷゔぇ　　　ム　　　フェーらン　　　プり

蚤の市での値段は、値切られるのを想定して、たいてい高めに設定されています。なので、はじめに「○○ユーロ」と言われたら、「う〜ん、ちょっと高いかな。どうしようかな」と、迷ったり去ろうとすると、「じゃ、○○ユーロでいいよ！」と、すぐに安くしてくれたりします。

[ち、ちょっと高くなってるんですが…]
以前、1つ5ユーロのグラスをどうしようかな〜と、迷っていたとき、「ええい！もう、5個全部で30ユーロでいいよっ！」と一声。ずるそうな人にも見えず、単に計算高く（強く？）ないってことで…。

3個で10ユーロでは？
10 euros les 3?
ディゾろ レトろワ
（例えば、一個4€のものをこうやって、ちょっと値切ります）

それでいいです。
Oui, ça me va.
ウイ サ ム ヴァ
（提示してくれた額でいいや！と思ったら、こう言って合意します）

いいです。すみません。
Non, desolé(e).
ノン デゾレ
（引いてくれた金額でも納得いかなかったら、こう言ってその場を去ります。フランス流に、「しょうがない！」と口角をさげて大きな表情で）

はかり
balance(f)
バロンス

水差し、ピッチャー
pichet(m)
ピシェ

3個で10ユーロでは？
10 euros les 3?
ディゾろ レトろワ

ステキね
C'est beau ça!
セ ボー サ

Part 5

食を楽しむ
Restez gourmand!

今夜はどのレストランへ？
グルメを楽しむ……それは
パリジェンヌの大事なお仕事

予約する 1

2名予約したいのですが…。
Je voudrais réserver une table pour deux personnes.
ジュ ヴドれ　　れぜるヴェ　　ユヌ　タ―ブル　プ―る　ドゥ　ぺるソンヌ

フランスの夕食の時間はやや遅めです。レストランに人が入るのは夜8時くらいから。「9時からなら空いてますが」などと普通に言われます。お店のカウンターでアペリティフでも飲みながら、エスプリあふれる会話をしつつ、遅くなってからようやく着席。と、のんびりがフランス風。人気店なら開店の7時、7時半くらいからが狙い目。

今夜です。
Pour ce soir.
プ―る ス ソワ―る
(週末は特に、皆が「行きたい！」と思うようなお店は満席。早めにご予約を〜)

8時に。
À huit heures.
ア ユイットゥ―る

マダム田中です。
C'est Madame TANAKA.
セ マダム タナカ
(予約時、慣れない日本の名前は、何度も聞き返されたり、全然違う名前で書きとめられていることも！ TANAKA → TATAKE など)

満席です。
C'est complet.
セ コンプレ

[おとなしく並ぶフランス人]
人気のレストランは予約した方がいいのはフランスでも同じ。なかには予約不可で、週末になるとお店の前は毎晩長蛇の列、というお店も。文句の多いフランス人も寒空の下、意外とおとなしく並んでいます。そういうときだけは、おしゃべりしながら楽しそうに…。グルメな自分を人に見られるのもステイタス？

予約しているのですが。
J'ai réservé une table.
ジェ れぜるヴェ ユヌ タ―ブル

お名前を伺ってよろしいでしょうか？
Puis-je avoir votre nom, s'il vous plaît?
ピュイー ジュ アヴォワ―る ヴォ―トる ノン スィル ヴ プレ

レストラン
restaurant(m)
れストラン

ビストロ
bistro(m)
ビストろ

ブラッスリー
brasserie(f)
ブらスリー

予約
réservation(f)
れぜるヴァスィオン

入り口
entrée(f)
オントれ

ドレスコード
code vestimentaire(m)
コッドゥ ヴェスティモンテ―る

席に付く | 1

3名です。
On est trois.
オネ　　　　　トロワ

予約なしのときは、こんな風に言いながら、レストランに入っていきます。指を3本立てるのも定石。以前は禁煙か喫煙席かも聞かれましたが、今は基本的に店内全席禁煙です（テラス席ではまだ喫煙できます）。
基本的に、係りの人が案内してくれるので、勝手に入って座らない方がよいです。

[親指から数えます！]
数を数えるとき、日本では「1、2、3…」と人差し指、中指、薬指…の順に立てていきますが、フランスでは、親指、人指し指、中指、薬指、小指の順に。3と示したいときは、親指、人差し指、中指の3本を立てます（日本式でも通じますが、よりフランス人化するために…）。ただ、フランス式、4は大変示しにくいと思うのですが、余計なお世話？

シャンデリア
lustre(m)
リュストる

テラス席で。
En terrasse.
オン テラス
（こんな狭い歩道に席が？というところもありますが、暖かい季節は断然テラス席が人気。冬でもストーブが上についているテラス席も）

店内で。
À l'intérieur.
ア ランテリウーる

席を替わってもいいですか？
On peut changer de place?
オン プ ションジェドゥ プラス
（狭い、トイレの前で気になる、など気に入らない席のときに使用）

隙間風が来るのですが。
Il y a un courant d'air.
イリヤ アン クーロン デーる
（意外と多い風がくる席。風邪をひく前に）

こんばんは
Bonsoir.
ボンソワーる

こちらへどうぞ。
Par ici, s'il vous plaît.
パる イスィ スィル ヴ プレ

ウエイター
serveur(m)
セるヴーる

ワイングラス
verre à vin(m)
ヴェーら ヴァン

テーブルクロス
nappe(f)
ナップ

メニューを知る 1 🔊 39

メニューいただけますか？
Puis-je voir la carte, s'il vous plaît.
ピュイージュ　ヴォワーる　ラ　キャるトゥ　スィル　ヴ　プレ

「メニューがくるの遅いなあ」と思ったらこう言って頼みます（お冷や・おしぼりはきません）。メニューが店内の黒板に書かれていることや、黒板ごとよいしょ、と席の近くに持ってきてくれることもあります。どちらにしろ、手書きは読みにくいので、解読するちょっとしたテクニックも必要です…（一般に、フランス人の書く文字は日本人には大変読みづらい）。

[同じメニューでも…]
フランス語にもメニュー（menu ムニュ）という言葉はありますが、これは日本語と違い、「定食、コース」という意味。「メニュー（menu）下さい」と言ったら、「今日の定食」が出てきてしまうかも。フランス語でレストランのメニューは、「カード」を意味する「carte キャるトゥ」を使います。

ここのおすすめはなんでしょう？
Quelle est la spécialité de la maison?
ケレ ラ スペスィヤリテ ドゥ ラ メゾン
（直訳は、「ここの自慢料理は？」。フランス人は、好奇心より自分の意思を通すエスプリのためか、「（あなたの）オススメは？」という聞き方はあまりしないです）

あそこのマダムが食べているものはなんですか？
Quel est le plat que cette dame a pris?
ケレ ル プラ ク セットゥ ダム ア プリ
（人のものを見て、「あれがおいしそう～！」というときに）

すみません。今、召し上がっているのはどれですか？
Excusez-moi, c'est quel plat que vous avez pris?
エクスキューゼ モワ セ ケル プラ ク ヴザヴェ プリ
（逆にこんなふうに隣の人に尋ねられることも）

メニュー
carte(f)
キャるトゥ

コース
menu(m)
ムニュ

前菜
entrée(f)
オントれ

魚
possion(m)
ポワソン

メインディッシュ
plat(m)
プラ

肉
viande(f)
ヴィヨンドゥ

飲み物
boisson(f)
ボワソン

デザート
dessert(m)
デセーる

メニューを知る 2

今日のランチセット（コース）は何ですか？
C'est quoi le menu de midi.
セ　コワ　ル　ムニュ　ドゥ　ミディ

コースは、前菜（Entrée オントれ）、メイン（Plat プラ）、チーズ（Fromage フロマージュ）（←省略も多い）、デザート（Dessert デセーる）、コーヒー（Café キャフェ）の順番で出てきます。フランス人家庭に招待されたときも同様ですが、学校の給食でも、ちゃんと「前菜、メイン、チーズ、デザート」と4種類。前菜とメインだけ、メインとデザートだけ、の軽めメニューがあるお店も。そして、飲み物（ワイン、ミネラルウォーター、コーヒー）は別料金というのが多いのでご注意！

前菜はいりません。
Je ne prends pas d'entrée.
ジュ ヌ ぷろン パ ドントれ
（メインだけでいいや、というときに。最近はこういう軽めもはやりとか）

チーズの盛り合わせはありますか？
Vous auriez un plateau de fromages?
ヴゾリエ アン プラトー ドゥ フろマージュ
（いろいろな種類のチーズを味わいたいときに）

飲み物はセットに入ってますか？
La boisson est comprise dans le menu?
ラ ボワソン エ コンプリーズ ドン ル ムニュ
（飲み物が入っている場合もたまにあるのでご確認を）

付け合わせ
garniture(f)
ギャるニテュール

にんじん
carotte(f)
キャろットゥ

ローストビーフ
rosbif(m)
ろズビフ

インゲン
haricot vert(m)
アりコ ヴェーる

ソース
sauce(f)
ソース

サラダ
salade(f)
サラッドゥ

コーヒー
café(m)
キャフェ

ブリーチーズ
brie(m)
ブリ

ブルーチーズ
bleu(m)
ブルー

カマンベール
camembert(m)
キャモンベーる

チーズ
fromage(m)
フろマージュ

注文する 1 🔊 40

これにします。
Je vais prendre ça.
ジュ　ヴェ　プろンドる　サ

「Vous avez choisi? ヴザヴェ ショワズィー（お決まりになりましたか?）」と聞かれたら、「ウィ」と言って、メニューから注文したいものを指しながらこう言えば通じます。まだ決まっていなかったら、「Non, pas encore. ノン パゾンコーる（いえ、まだです）」。

ウエイターを呼ぶために手をあげるとき、日本では「ハイ」という感じで手のひらを見せますが、人差し指を立てるのがフランス風。学校などで先生の質問に答えるときにも、こんな風に手をあげます。

注文いいですか?
On peut commander?
オン プ コモンデ
(待てども注文を取りに来てくれないときは、ウエイターを呼んでこう一言)

もう注文しました。
On a déjà commandé.
オナ デジャ コモンデ
(逆に、注文したばかりなのに、違うウエイターが聞きに来たときに)

あそこのムッシューと同じものを下さい。
Je voudrais le même plat que ce monsieur, s'il vous plaît.
ジュ ヴドれ ル メーム プラ ス ムスィュー スィルヴプレ
(フランス語のメニューを読んでもよくわからない！ そんなときは、周りの人が食べているおいしそうなものを)

シャンパン
champagne(m)
ションパーニュ

シャンパンクーラー
seau à glace(m)
ソー ア グラス

シャンパングラス
flûte(f)
フリュットゥ

ロウソク立て
chandelier(m)
ションドゥリエ

すみません、ムッシュー。
Monsieur, s'il vous plaît.
ムスィユー スィル ヴ プレ

お決まりですか?
Oui, vous avez choisi?
ウィ ヴザヴェ ショワズィ

食前酒
apéritif(m)
アペリティフ

注文
commande(f)
コモンドゥ

[1秒!?]
「ちょっと待って！」なんて言うときも、「Une seconde! ユヌ スゴンドゥ (直訳：1秒!)」の意味で、こう指一本立てて、合図することもあります。

注文する | 2

まだ私の注文したものが、来ないんですが…。
Je n'ai pas encore eu mon plat.
ジュ ネ パゾンコーる ユ モン プラ

驚きですが、気さくなレストランでは忘れられているときもなきにしもあらず…。基本的には、同じテーブルの人には同時に料理を持ってくることになっています。同席の人には来たのに、自分にはこない、そして、「すぐ持ってきますね！」など言われたわけでもなく、ちょっと待ってみても来ない！というときには、早めにご確認を。

[自分の納得がいくまで…]
運ばれてきた料理に満足がいかない場合、「みんなと一緒に食べたいし、めんどくさいし」と我慢してしまう人ももちろんいますが、焼き加減など満足いくまで主張するのもフランス風。
肉の焼き加減は、「レア saignant（セニョン）」「ミディアム à point（ア ポワン）」「ウェルダン bien cuit（ビヤン キュイ）」と指定。

これは注文していません。
Ce n'est pas ce que j'ai commandé.
ス ネ パ ス ク ジェ コモンデ

もう少し、焼いていただけますか？
Vous pouvez le cuire encore un peu, s'il vous plaît?
ヴ プヴェ ル キュイーる オンコーらン プ スィルヴプレ
（ときには「はい、もちろん！」という感じで、ときにはめんどくそう〜に、お皿を下げて焼いてきてくれます）

ちょっと焼きすぎです。
C'est trop cuit.
セ トろ キュイ
（「ステーキなど焼きすぎでまずくて食べられない！」と思ったらこう頼みます。でも、2度目もなぜか同じ！ということもありえなくもないです…）

冷たいです。
C'est froid.
セ フろワ

まだ、私の注文したものがこないのですが。
Je n'ai pas encore eu mon plat.
ジュ ネ パゾンコーる ユ モン プラ

すぐにお持ちします。
Je vous l'apporte toute de suite.
ジュ ヴ ラぽるトゥトゥドゥ スイットゥ

乾杯！
Santé!
ソンテ

[乾杯！]
「santé」は「健康」の意味。「あなたの健康を！」と乾杯します。その他、「À la vôtre! ア ラ ヴォートゥ（あなたの〔健康〕に！）」「À la tienne! ア ラ ティエンヌ（君の〔健康〕に！）」などと言います。

注文する | 3

パンを下さい。
Du pain, s'il vous plaît.
デュ　パン　スィル　ヴ　プレ

パンはたいていの料理にはついてきます（パスタにも！）。でも、お店の人も忘れていることがあるので、持ってきてくれないときはこう頼みます。また、おかわりもできるので、なくなってしまったら同様にこう一言。空になったパンのかごをお店の人に示すだけで、わかってもらえることも。カジュアルなお店では、パンでお皿のソースをぬぐって食べているフランス人をよく見かけます。

塩と胡椒を下さい。
Le sel et le poivre, s'il vous plaît.
ル セ レ ル ポワーヴる スィルヴプレ

マスタードを下さい。
De la moutarde, s'il vous plaît.
ドゥ ラ ムタるドゥ スィルヴプレ

お水を下さい。
Une carafe d'eau, s'il vous plaît.
ユヌ キャらフ ドー スィルヴプレ
（ここでの「お水」は水道水。無料です。パリでは普通に飲めますが、「まずい」「なんかヤダ！」という場合は、ミネラルウォーターを）

ケチャップを下さい。
Du ketchup, s'il vous plait.
デュ ケチャップ スィルヴプレ
（ポテトなどにつけたいときは頼めば持ってきてくれます。ただ、味自慢の料理に頼むと、「味のわからない人！」と思われます）

パン
pain(m)
パン

皿
assiette(f)
アスィエットゥ

ナイフ
couteau(m)
クトー

ナプキン
serviette(f)
セるヴィエットゥ

フォーク
fourchette(f)
ふるシェットゥ

| ワインを注文する | 1 |

何がお勧めでしょうか？
Qu'est-ce que vous me conseillez?
ケス　　　ク　ヴ　ム　　　コンセイエ

フランスでは、やはりワインがよく飲まれます。「是非飲みたい！」というものがワインリストにあればいいですが、「なんだかよく分からない！」というときは、こう尋ねると、お店の人がセレクトした自慢のワインを薦めてくれることと思います。ボトルワインしかないお店もありますが、それほど飲まない場合は、一般に選択肢は狭まりますがグラスワインを頼みます。「グラスワインはありますか？」は「Vous auriez des vins au verre? ヴゾリエ デ ヴァン オ ヴェーる」

[肉には赤？]
必ずしも「魚には白！」と厳格に決まっているわけでもなく、みなさん意外と自由に好きなものを飲んでいます。ですが、「お料理と一緒にビール」というのは一般にあまりないです。

グラスの赤を下さい。
Un verre de rouge, s'il vous plaît.
アン ヴェーる ドゥ るージュ スィルヴプレ
(白ワインがよかったら、「rouge るージュ (赤)」の代わりに「blanc ブロン (白)」と言います)

赤ワインのピシェを下さい。
Un pichet de rouge, s'il vous plaît.
アン ピシェドゥ るージュ スィルヴプレ
(テーブルワインを250ml、500mlなど、ピシェに入れてドカンと持ってきてくれます。数人で頼めば、グラスより割安)

どのワインが私の料理と合うでしょうか？
Qu'est-ce que vous me conseillez avec mon plat?
ケス ク ヴ ム コンセイエ アヴェック モン プラ
(料理と合うワインはお店の人に聞いた方がいい場合も)

ソムリエ
sommelier / sommelière
ソムリエ・ソムリエーる

ワインオープナー
tire-bouchon(m)
ティーるブーション

ブドウ
raisin(m)
れザン

ハウスワイン
vin de table(m)
ヴァン ドゥ ターブル

収穫年
année de recolte(f)
アネドゥ れコルトゥ

ラベル
etiquette(f)
エティケットゥ

コルク
bouchon(m)
ブーション

感想を述べる 1 🔊 42

とてもいいです（美味しくいただいています）。
C'est très bien.
セ　トれ　ビヤン

食事の途中に、「Ça se passe bien? サ ス パス ビヤン（問題ありませんか?）」などと尋ねられることがあります。そんなとき、満足していたら、こんな風に返答を。そうでないときは、よっぽど文句を言いたい場合をのぞいて、「Ça va. サヴァ（平気です。）」くらいで。

[食べ終わりの合図]
「食べ終わりました」というと、飲み物以外、パンも全部下げられてしまうので、「まだパンをつまみたい」なんてときは前もってお手元に。うちの娘も、食べようと思っていたパンを持っていかれたときは、恨めしそうに店員さんを眺めていましたが、今では、片付けにきた店員さんの足音が聞こえると、目にとまらぬ速さで確保します…。

とてもよかったです。
C'était parfait!
セテ パるフェ
（直訳は「完璧」。料理に感動したら、大げさに、目を見開いてこんな風に感動を伝えます）

私にはちょっと多すぎました。
C'était un peu trop pour moi.
セテ タン プ トロ プール モワ
（「残したけど、まずかったわけじゃないです!」と伝えたいときに）

まだ食べ終わっていません。
Je n'ai pas encore terminé.
ジュ ネ パ ゾンコーる テるミネ
（まだ食べ終わっていないのに、「下げてもいいですか?」と聞かれたとき。または、黙って持っていかれそうになったときに!）

問題はありませんか?
Tout se passe bien?
トゥ ス パス ビヤン

とてもいいです。
Très bien.
トれ ビヤン

ネクタイ
cravate (f)
クらヴァットゥ

食後のデザート・コーヒー | 1

コーヒーだけいただきます。
Je vais prendre juste un café.
ジュ　ヴェ　プרondрe　ジュスタン　キャフェ

なぜ、「〜だけ（juste ジュストゥ）」なのかというと、普通メインの後は、デザートへと続くからです。でも、もうおなかいっぱい、甘い物は入らない〜、というときは、食後のコーヒーだけを頼みます（フランスでコーヒーといえば、エスプレッソ）。フランス人の「食後のコーヒー」という習慣は根強いですが、眠れない！などの理由で、飲まない人もいます。また、強〜い食後酒を頼む人も。

[コーヒーは食後だけ？]
コーヒーはあくまで食後で、日本のファミレスのように、食前、食事中からコーヒーを頼むとビックリされます（それに、無料お代わりもないので高くつきます…）。

デザートのメニューが見たいです。
La carte des desserts, s'il vous plaît.
ラ キャルトゥ デ デセール スィルヴプレ
（デザートは食後に頼むことが多いので、メインの後にメニューがこなかったときに使用）

コーヒーも同時にお願いします。
Je vais prendre un café en même temps.
ジュ ヴェ プרondドゥる アン キャフェ オン メームトン
（普通は、デザートの後にコーヒータイム。甘いものとコーヒーを同時にほしかったら前もってこう頼みます）

スプーンを2つもらえますか？
On pourrait avoir deux cuillères?
オン プレ アヴォワール ドゥ キュイエール
（大きなデザートを2人で分け合うときに）

トレー
plateau(m)
プラトー

はい、すぐに。
Tout de suite.
トゥ ドゥ スュイットゥ

エプロン
tablier(m)
タブリエ

デザートのメニューをお願いします。
La carte des desserts, s'il vous plaît.
ラ キャルトゥ デ デセール スィル ヴ プレ

紅茶
thé(m)
テ

ハーブティー
tisane(f)
ティザンヌ

食後酒
digestif(m)
ディジェスティフ

支払いをする | 1 🔊 43

カードで支払えますか?
Je peux payer par carte?
ジュ プ ペイエ パる キャるトゥ

フランスでは、「カルトブルー」というデビットカードがとてもポピュラーなので、カードで清算する人はとても多いです。が、お店によっては、カードを扱っていないところもたまにあるので、こんな風に尋ねます。現金の持ち合わせがなかったりすると、近くのキャッシュディスペンサーにお金をおろしに行かないといけないことも…。またフランスでは、小切手での支払いもポピュラーです。

[その他のカードは？]
VISAカードはたいていのお店で使えますが、アメリカンエキスプレス、JCB、DINERSなどは、お店によります。例えば、「アメリカンエキスプレスで払えますか？」は「Vous prenez l'AMEX?　ヴ プるネ ラメックス？」。

お会計をお願いします。
L'addition, s'il vous plaît.
ラディスィオン スィルヴプレ
(フランスでは、テーブル清算です。こう言って勘定書きをテーブルに持ってきてもらい、お金を置くなり、カードを置くなりして、その場で支払います)

別々に払います。
On va payer séparément.
オン ヴァ ペイエ セパれモン
(現金のときは、勝手に割り勘でテーブルにお金を置けばいいですが、カードのときはこう言って、一人ずつ清算)

間違ってると思うのですが…。
Je pense qu'il y a une erreur.
ジュ ポンス キリヤ ユネるーる
(会計が間違っているのはそう珍しいことでもないので、ちゃんと確認した方がいいかもしれません…)

ええ、もちろん。
Bien sûr.
ビヤン スィューる

カードで支払えますか？
Je peux payer par carte?
ジュ プ ペイエ パる キャるトゥ

現金
espèces(f)
エスペス

会計
addition(f)
アディスィオン

チップ
pourboire(m)
プーるボワーる

カード
carte(f)
キャるトゥ

| パンを買う | 1 |

バゲット、1本下さい。
Une baguette, s'il vous plaît.
ユヌ　　　バゲットゥ　　　　　スィル　ヴ　　プレ

バケットとは、フランスパンのこと。日本でよく見かけるフランスパンよりは、細めです。焼きたてはとてもおいしいですが、買ってから一日で、硬く、おいしくなくなります。なので、毎日だれもが作りたてを買い求めます。バゲットの味は、パン屋さんによってそれぞれ。地元のおいしいパン屋さんをみんなちゃんと知っていて、おいしいところには行列ができます。年に一度のバゲットコンクールなどもあり、受賞したパン屋さんは、その1年は大統領官邸におろすなど、一躍有名になります。

バゲット、半分下さい。
Une demie baguette, s'il plaît.
ユヌ ドゥミ バゲットゥ スィルヴプレ
(1本では長くて多すぎる！なんてときに、こう言うと半分に切って売ってくれます。値段も半分)

よく焼けているものを。
Bien cuite.
ビヤン キュイットゥ
(外がよく焦げていてパリパリになっているのがお好みのときに)

そんなに焼けていないものを。
Pas trop cuite.
パ トロ キュイットゥ
(外がそんなに焦げてなくて、柔らかめのものがお好みのときに)

[魔法の杖]
「baguette（バゲットゥ）」は、「フランスパン」の他に「細い棒」の意味があります。「魔法の杖」は、「baguette magique（バゲットゥ マジック）」と言い、子どもの遊びによく登場しますし、「箸」は「baguettes（バゲットゥ）」と、複数形で使用します。

パン屋
boulangerie(f)
ブーロンジュリ

パン職人
**boulanger、
boulangère**
ブーロンジェ、ブーロンジェール

097

パンを買う | 2 | 🔊44

それだけです。
Ce sera tout.
ス　　スら　　　トゥ

「Avec ça? アヴェック サ／ Avec ceci? アヴェック ススィ（これと他には?）」「Ce sera tout, madame? ス スらトゥ マダム（マダム、これで以上ですか?）」などと尋ねられたときの返答。「Ce sera 〜」は文法的には未来形です。こう未来形でいうのが、慣用だったようですが、「C'est tout. セトゥ」と普通に現在形で言うこともできます。

[フランスの定番]
おなじみクロワッサン（croissant クロワッソン）や、子どものおやつの定番のチョコ入りパン（pain au chocolat パン オ ショコラ）などは、どこのパン屋さんにもあります。サンドイッチ（sandwich サンドウイッチ）は、バゲットにいろいろな具材をはさんであってボリュームがあります。

これ。
Ça.
サ
（欲しいものをこう言って指させばいいので便利です）

いえ、これです。
Non, ça.
ノン サ
（「これ」と指さしても、隣の違うものを袋に入れられそうになったときに）

もうシューケットはないんですか?
Vous n'avez plus de chouquette?
ヴ ナヴェ プリュ ドゥ シュケットゥ

ありがとう、さようなら!
Merci, au revoir!
メルスィー オ るヴォワーる
（買い物が無事に終わったら、こう言ってさわやかに店を後にします）

ありがとう、良い一日を!
Merci, bonne journée.
メルスィ ボンヌ ジューるネ

ありがとう、さようなら!
Merci, au revoir!
メルスィ オ ヴォワー る

レーズンパン
pain aux raisins(m)
パン オ れザン

全粒粉パン
pain complet(m)
パン コンプレ

紙袋
sac en papier(m)
サッコン パピエ

パティスリーで　1

これは何味ですか?
Ça, c'est à quoi?
サ　　セタ　　　コワ

一見しただけでは、なかに何が入っているのか、どんな味なのかわからない！ そんなとき、こんな風に聞きます。

[どちらがパリ風？]
雑誌に出てくるようなおしゃれな今時のパティスリー（pâtisserie パティスリー）は、やはり見た目も上品で小さめ、味も繊細なケーキをおいています。一方、街角のきさくなパン屋さん兼パティスリーでは、一人分が目を見張るほど大きかったり、味も大味なケーキを置いていることもしばしば。どちらもパリっぽいですが、20×10センチくらいの大きさのメレンゲなど、どうやって食べるんだろう？ というものもあります。

イチゴ味ですか？
C'est à la fraise?
セタ ラ フれーズ

これはどのくらい日持ちしますか？
Ça tient combien de temps?
サ ティヤン コンビヤン ドゥトン
（たいていの生菓子は、その日のうちに食べますが、マカロンなど少し日持ちするものもあるので聞いてみます）

冷蔵保存しないといけないですか？
Il faut les garder au frais?
イル フォ レ ギャルデ オ フれ
（日本のように、ドライアイスなどのサービスはまずありません）

099

マカロンフランボワーズ
macaron framboise(m)
マキャろン フらンボワーズ

ミルフィーユ
millefeuille(m)
ミルフイユ

モンブラン
mont-blanc(m)
モンブラン

フルーツタルト
tarte aux fruits(f)
タるトゥ オ フりュイ

ルリジューズ
religieuse(f)
るリジューズ

エクレア
éclair(m)
エクレーる

チョコレートを買う 1

1つずつ、お願いします。
Un de chaque, s'il vous plaît.
アン ドゥ シャック スィル ヴ プレ

いろいろなチョコレートがウインドウにずら～と並んでいて、「なかなか選べない」「一個ずつ全部味見したい！」なんてときに。「Un」のところを、「deux ドゥ（2）」「trois トロワ（3）」…と、お好きな数にして使用（数字は P.55 参照）。

[チョコ大好き !?]
チョコだけを売っているチョコレート屋さん（chocolaterie ショコラトゥリー）が、街角にポンとあるところがフランスらしいです。チョコレートは人の家に招かれたときの手土産の定番なので、有名店で上品なチョコを購入したり、近所のお気に入りのお店で購入したりします。学生の間では、スーパーの板チョコなどを友達の家に持っていったり…、なんて風景も見られます。

チョコの詰め合わせをお願いします。
Je voudrais un assortiment de chocolats, s'il vous plaît.
ジュ ヴドれ アナソルティモン ドゥ ショコラ スィルヴプレ
（お土産などで、特に選ばずに適当な詰め合わせが欲しいときに）

ビター（ミルク）チョコレートにします。
Je vais prendre du chocolat noir (au lait).
ジュ ヴェ プロンドゥる デュ ショコラ ノワーる（オ レ）

味見されますか？
Vous voulez goûter?
ヴ ヴレ グテ
（たくさん並んでいるチョコのなかから、味見させてくれることもあります）

はい、喜んで！
Oui, merci. C'est gentil.
ウィ メるスィ セ ジョンティ
（勧められたら遠慮なくこう言って味見します）

1つずつおねがいします。
Un de chaque, s'il vous plaît.
アン ドゥ シャック スィル ヴ プレ

チョコレート職人
chocolatier、chocolatière
ショコラティエ、ショコラティエーる

チョコレート
chocolat(m)
ショコラ

フルーツゼリー
pâte de fruits(f)
パトゥ ドゥ フリュイ

トリュフ
truffe(f)
トゥりュフ

板チョコ
tablette de chocolat(f)
タブレットゥ ドゥ ショコラ

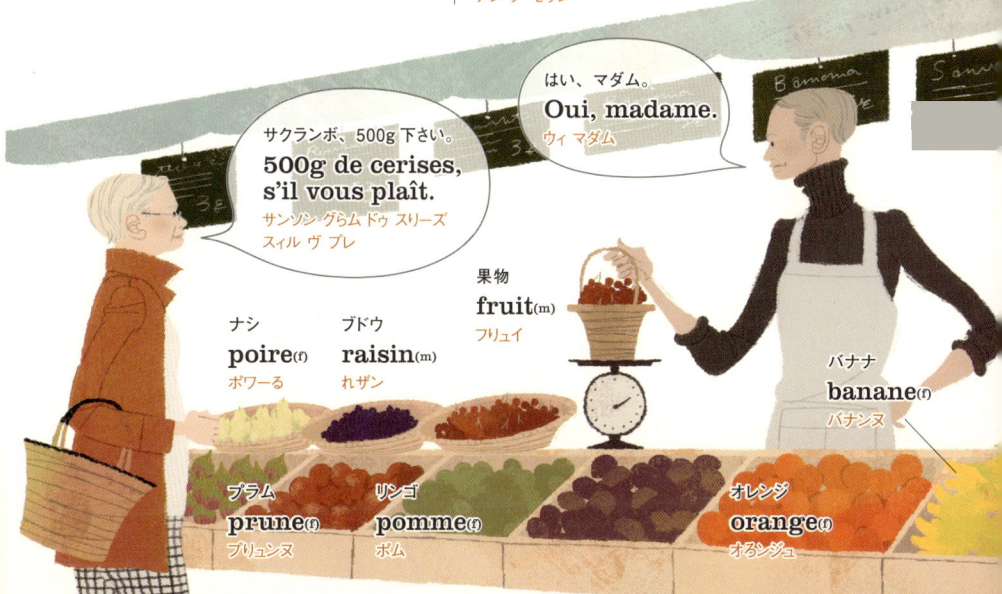

| マルシェに行く | 1 |

500グラムのサクランボを下さい。
Cinq cents grammes de cerises, s'il vous plaît.
サン　　ソン　　　グラム　　　　　　ドゥ スリーズ　　　スィル ヴ　　プレ

こんな風に頼んでも、たいていは多めに袋に入れてくれます（もちろん入れてくれた分、清算される）。果物に限らず、肉屋さん、魚屋さん、惣菜屋さんなどでも多めに盛られるので、予想外の出費に。「ちょっと多すぎ！（C'est un peu trop! セ タン プ トロ）」と遠慮なく言わないと、あとで後悔します。または、はじめから少なめに頼むのも生活のコツ。

[子供は食べない？]
肉屋、魚屋、惣菜屋さんなどで、買い物をするとき、いつも（子どもを抜いて少なめに）、「2人分下さい」と注文します。娘が一緒にいるたまに、「お譲ちゃんは食べないのかい？」と見破られます。

1キロ、10ユーロ。
Dix euros le kilo.
ディゾロ ル キロ
（「いくらですか？」と聞いたときに、こんな答え方をされます。値札には「10€/kilo」などと表記されています）

これとこれを下さい。
Je voudrais ça et ça.
ジュ ヴドれ サ エ サ

もう少し多く。
Un peu plus.
アン プ プリュス

もう少し少なく。
Un peu moins.
アン プ モワン

101

はい、マダム。
Oui, madame.
ウィ マダム

サクランボ、500g下さい。
500g de cerises, s'il vous plaît.
サンソン グらム ドゥ スリーズ
スィル ヴ プレ

果物
fruit(m)
フリュイ

ナシ
poire(f)
ポワーる

ブドウ
raisin(m)
れザン

バナナ
banane(f)
バナンヌ

プラム
prune(f)
プリュンヌ

リンゴ
pomme(f)
ポム

オレンジ
orange(f)
オランジュ

マルシェに行く 2

どうやって食べるんですか？
Comment on mange ça?
コモン　　　　　　オン　　　モンジュ　　　サ

マルシェの野菜・果物スタンドの前に行くと、いろいろなものがあります。キュウリやナスなどは日本にもあるけど、フランスのはなぜか異様に大きい。「これはなに？」と、日本ではあまり見かけないような野菜・果物も。せっかくなので試してみたいけど、「どんなふうに食べればよい？？」と思ったときにこう一言。よっぽど忙しい時間帯でない限り、親切に教えてくれるはず（といっても、きまぐれフランス人のことなので、冷たくされても気にしない）。

[遠慮は不要！]
善意のお店もありますが、あまり考えずに熟れてなかったり、綺麗でない野菜や果物を袋に入れられることも。そんなとき、フランスマダムは、ちょっと口うるさい？くらいに言って好みのものを入れてもらいます。

今晩用です。
C'est pour ce soir.
セ プール ス ソワール
（こんな風に言うと、普通は今夜にちょうどいい熟れ具合のものを選んでくれます。チーズの熟成具合などにも使用可）

熟れすぎだと思うのですが。
Je trouve qu'elles sont trop mûres.
ジュ トゥルーヴ ケル ソン トロ ミュール

まだ、固すぎると思います。
Je trouve qu'elles sont trop dures.
ジュ トゥルーヴ ケル ソン トロ デュール

こっちの方がいいのですが、いいですか？
Je prefère ça, c'est possible?
ジュ プレフェール サ セ ポッスィーブル
（自分で選べない場合、好みに合わないときは、こう言って違うものにしてもらいます）

ニンジンみたいに料理すればいいんですよ。
Vous pouvez les cuisiner comme des carottes.
ヴ プヴェ レ キュイジネ コム デ キャロットゥ

どうやって食べるんですか？
Comment on mange ça?
コモン オン モンジュ サ

八百屋
primeur(m)
プリムール

カボチャ
potiron(m)
ポティロン

マルシェ
marché(m)
マルシェ

キュウリ
concombre(m)
コンコンブル

パプリカ
poivron(m)
ポワーヴロン

ニンニク
ail(m)
アイユ

| 肉屋さんに行く | 1 |

500グラムの牛ひき肉を下さい。
500g de viande hachée, s'il vous plaît.
サンソン グらム ドゥ ヴィヨンダッシェ　　　　　スィル ヴ　プレ

フランスでは、牛ひき肉のタルタル（生）や、ハンバーグ（ひき肉だけをハンバーグの形にして混ぜ物なしで焼いたもの）はよく食べられるので、ひき肉（viande hachée）と言えば牛肉です。豚のひき肉料理はあまりないので、普通は置いてありません。牛肉を挽く機械に豚肉を入れるのを嫌がる肉屋さんもいますが、頼めば豚を挽いてくれるところもあります（そして、めでたく和食が作れます）。

[それだけです]
注文したあとには必ず、「他には？ Vous voulez d'autres choses? ヴ ヴレ ドートる ショーズ」と聞かれます。他に欲しいものがあれば、それを。なければ、「それだけです。Non, c'est tout. ノン セトゥ」と言えばOK。

サーロインステーキ肉を2切れ下さい。
Deux entrecôtes, s'il vous plaît.
ドゥゾントるコットゥ スィルヴプレ
（ステーキ肉も、部位によって名前が違います。また、日本のような霜降り肉は残念ながら一般に見かけません）

どのくらいの時間焼けばいいですか？
Il faut cuire pendant combien de temps?
イル フォ キュイーる ポンドン コンビヤンドゥトン
（調理方法など、聞けば簡単に教えてくれます）

切り分けて下さい。
Pourriez-vous le découper en morceau, s'il vous plaît.
プリエヴ ル デクペ オン もるソー スィルヴプレ
（ウサギやトリなど、丸ごと買っても「どうやって自分で切ればいいの！」というときに。お願いすれば切ってくれます）

2人分です。
Pour deux personnes.
プー るドゥー べるソンヌ

やあ、元気？
Ça va?
サヴァ

うん、あなたは？
Oui, et toi ?
ウィ エトワ

サーロインステーキ肉を2切れ下さい。
Deux entrecôtes, s'il vous plaît.
ドゥゾントるコットゥ スィルヴ プレ

七面鳥　　　牛肉　　　豚肉
dinde(f)　**bœuf**(m)　**porc**(m)
ダンドゥ　　ブフ　　　ポーる

ハム
jambon(m)
ジョンボン

鶏肉　　　子羊の肉
poulet(m)　**agneau**(m)
プレ　　　アニョー

ソーセージ
saucisse(f)
ソスィース

ウサギ
lapin(m)
ラパン

乾燥ソーセージ
saucisson(m)
ソスィソン

Part 5 食を楽しむ

魚屋さんに行く | 1 | 🔊 47

これは生で食べられますか?
On peut le manger cru?
オン プ ル モンジェ クりゅ

フランスの魚屋さんには、刺身用の魚はまず置いていないので、生で食べたい場合、新鮮かどうか自分で見極めるのが大事。でも、寿司が流行っているこのごろ、「これは、刺身として食べられる」と意識して置いている魚屋さんもあります。一言聞いてみたらより安心かもしれません。

開いてもらえますか?
Vous pouvez le découper en filet?
ヴ プヴェル デクペ オン フィレ

どんなふうに調理すればいいですか?
Comment ça se prépare?
コモン サ ス プれパーる

これは茹でてありますか?
Est-ce que c'est cuit?
エス ク セ キュイ
(貝類やエビなど、すでにそのまま食べられるように調理済みのことも)

海鮮の盛り合わせを作ってもらえますか?
Vous pouvez me préparer un plateau?
ヴ プヴェ ム プれパれ アン プラトー
(海鮮系でポピュラーな一品と言えば、カキやエビ・カニ、貝類の盛り合わせ。大晦日の夜は、コレを食して祝われる人も多いようで、魚屋さんの前に「予約済み」と書いた盛り合わせの大皿が並んでいます)

ええ、食べられますよ。
Oui, vous pouvez.
ウィ ヴ プヴェ

魚屋
poissonnerie(f)
ポワソヌリ

エビ
crevette(f)
クるヴェットゥ

ホタテ
coquille Saint-Jacques(f)
コキーュ サン ジャック

ムール貝
moule(f)
ムール

鯛
daurade(f)
ドーらッドゥ

舌平目
sole(f)
ソル

いわし
sardine(f)
サるディンヌ

鮭
saumon(m)
ソーモン

スズキ
bar(m)
バーる

生で食べられますか?
Ça se mange cru?
サ ス モンジュ クりュ

[サーモンが人気]
「sushi」と言っても、必ずしも生魚ではなく、チキンやツナ缶などさまざま。また、手に入りやすいせいか、刺身ではサーモンが大変ポピュラーです。ちなみに「sushi スシ」と言えば「握り寿司」、「巻き寿司」は、なぜか「maki マキ」。

マス
truite(f)
トゥりュイットゥ

貝類
coquillage(m)
コキヤージュ

Part 6

カルチャー・
レジャーを楽しむ
Évadez-vous!

映画に演劇、美術館の作品展……
パリは最新カルチャーの宝庫。
感度を高めて、チェックしよう！

映画に誘う 1 🔊 48

映画でも観に行く?
Si on allait voir un film?
スィ　オナレ　ヴォワーラン　フィルム

映画に行くのは、パリジャンにとって大変ポピュラーな文化活動。「え？ こんなにご年配の方が？」とちょっと驚いてしまう感じの人が、映画館の前列に並んでいたり、普通のおばさまが「映画関係の人ですか？」というくらい映画に詳しかったり、最新映画の情報もチェック済みで、若者の話に普通に加わったり、している、など、まさにフランス文化？

映画観に行かない？
Ça te dirait d'aller au ciné?
サトゥ ディレ ダレ オ スィネ
「Ça te dirait de 〜」で、「〜したくない？」という言い方）

UGCの映画館で『アバター』やってるよ。
Il y a AVATAR à UGC.
イリヤ アヴァタール ア ユジェセ
（大きな映画館チェーンとして、UGCのほかにMK2（エムキャドゥ）などがあります）

いい考えだね！
C'est une bonne idée!
セテュヌ ボニデ
（単に「Bonne idée! ボニデ」とだけでもOK!）

[「映画館」と「映画」]
映画館は、「cinéma スィネマ」。話し言葉で、「ciné スィネ」と省略して言ったり、「cinoche スィノッシュ」と言ったりします。映画の作品自体は、「film フィルム」と言い、「J'ai vu un film. ジェ ヴュ アン フィルム」だと、「（何かしらの）映画を観た」になり、「J'ai vu un cinéma. ジェ ヴュ アン スィネマ」だと、「（とある）映画館を見た」という意味になります。

どちらかというと『トイ・ストーリー3』が観たいけど。
Je veux plutôt voir Toy Story 3.
ジュ ヴ プリュトー ヴォワール トイストリー トロワ
（フランス人風に、「私はこっちがいいわ！」と主張したいときに）

映画館
cinéma (m)
スィネマ

ポスター
affiche (f)
アフィッシュ

切符売り場
guichet (m)
ギシェ

寒いなあ。
J'ai froid là.
ジェ フロワ ラ

列
file d'attente (f)
フィル ダトントゥ

| 映画館の窓口や席で | 1 |

これは、吹き替えなし（字幕バージョン）ですか？
C'est en VO?
セトン　　　　　　ヴェオー

フランスでは、テレビはもちろん、映画館でも、外国語映画のフランス語吹き替え版が存在します。特に子どもの映画や、アメリカの娯楽映画では吹き替えが多いです。張りきってアメリカのスターを見に行っても、「声はフランス人の吹き替えだ～！」と、がっかりすることも。大きな映画館は特にご注意！

［VOとVF］
「これは、フランス語吹き替え版ですか？」は、「C'est en VF? セトン ヴェエフ」と言います。「VO」は、「Version originale（オリジナルバージョン）」の略。「VF」は、「Version française（フランス語バージョン）」の略。

○○（映画のタイトル）、一人、お願いします。
Une place pour ○○, s'il vous plaît.
ユヌ プラス プール ○○ スィルヴプレ
（2人だったら、「Deux places pour ～ ドゥー プラス プール ～」とします）

甘いポップコーン下さい。
Un pop-corn sucré, s'il vous plaît.
アン ポップコるヌ シュクれ スィルヴプレ
（大きな映画館では、ポップコーンを食べながら観賞！ 塩味と砂糖がかかった甘いものの2種類があります。好みが違う人と一緒だと分け合えず、なんだかちょっと残念です）

この席は空いていますか？
Il y a quelqu'un ici?
イリヤ ケルキャン イスィ
（上着や荷物が置いてある席に。誰もいなければ、普通はしぶしぶ(?)空けてくれます）

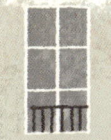

これもいいらしい。
On dirait que c'est bien aussi.
オン ディれ ク セ ビヤン オスィ

随分混んでるね。
Il y a du monde, non?
イリヤ デュ モンドゥ ノン

映画（作品）
film(m)
フィルム

アクション映画
film d'action(m)
フィルム ダクスィオン

コメディ
comédie(f)
コメディ

封切り
sortie(f)
ソるティ

ラブストーリー
love story(m)
ラヴ ストリー

アニメ
dessin animé(m)
デッサン アニメ

映画の感想を述べる | 1 🔊 49

よくできてたね。
C'était bien fait!
セテ　　　　ビヤン　　　フェ

フランス人は映画、そして批評好きなので、映画を観終わった後は、「みなさん批評家？」というくらい、自分の考えを長々と述べます（時にはやや偉そうに…）。もちろん、良いか悪いかの判断も下しますが、「よかった」だけでは終わらず、「parce que 〜 パるスク〜（なぜなら〜）」と続くところがポイントです。

気に入った？
Ça t'a plu?
サ タ プリュ

うん、すごく。
Oui, très.
ウィ トれ

すごいよかった!
C'était super!
セテ シュペーる

興味深い映画だった。
C'était intéressant.
セテタンテれッソン
（この後もちろん、どこが、そしてどうして興味深いのか、説明はつづきます）

[映画は真剣に !?]
パリのシネマテーク（通好みの映画が多い）に、ある日本映画を観に行ったとき、一緒にいた日本人の友人と面白いところで普通に笑ったら、シネフィル（フランスの映画通達）には笑うところでなかったらしく、シーッ。静かにしろ！と怒られました…。

上映
séance (f)
セオンス

上映ホール
salle de cinéma (f)
サル ドゥ スィネマ

スクリーン
écran (m)
エクラン

すごい!
Excellent!
エクセロン

シーッ!
Chut!
シュートゥ

Part 6 カルチャー・レジャーを楽しむ

| 映画の感想を述べる | 2 |

くだらなかった。
C'était nul.
セテ　　　　　　ニュル

人が、「いい!」と言ったら、それとは反対のことを探して言ってみる、というのもフランス風エスプリですが、本当にがっかりした場合は、言葉を尽くして、批判します…。映画以外でも、昨夜のレストラン、パーティー、TV で観た試合等々、口をへの字にしつつ多用。

[苦手]
「nul」は、「〜がダメ」「〜がうまくできない」と言うときにも使用します。「私は数学が苦手!」は「Je suis nul en math! ジュ スィ ニュル オン マットゥ」のように（←フランスでもよく聞くセリフ）。

上手く作られていなかった。
C'était mal réalisé.
セテ マル れアリゼ
（素人でも、もっともらしく分析するのがフランス人!）

どちらかと言うと退屈だった。
C'était plutôt ennuyeux.
セテ プリュトー オンニュィウー

大したことなかったよね?
C'était pas terrible, hein?
セテ パ テリーブル アン
（「terrible」はもともと「ひどい」という意味ですが、口語では「すごい!」という全く逆の意味で使用されることもあります。「pas terrible」と否定して「大したことはない」）

字幕
sous-titre(m)
スーティトゥる

座席
place(f)
プラス

非常口
sortie de secours(f)
ソるティドゥ スクーる

よくできてるわ!
C'est bien fait!
セ ビヤン フェ

悪くはないけど…
C'est pas mal, mais...
セ パ マル メ

美術館で

学生一枚お願いします。
Un billet tarif étudiant, s'il vous plaît.
アン　ビエ　タリフ　エテュディオン　スィル　ヴ　プレ

美術館のほとんどは、学生料金が設定されています。学生証を持っていたら、大人でも（！）普通料金より安くなるので利用した方がお得です。「（大人）一枚下さい」だったら、「Un billet, s'il vous plaît. アン ビエ スィルヴプレ」。

[日本人は若い？]
20歳過ぎのころ、日本人の友人とルーブル美術館に行きましたが、「大人2枚！」と頼んだら、「本当に大人なの？」とバカにしたように聞かれました。とっさにムカッと、「大人です！」と主張しましたが、直後「せっかくだから、このまま子供料金で入っておけばよかったかも…」とちょっと後悔しました。

写真を撮ってもいいですか？
Puis-je prendre des photos?
ピュイージュ プロンドる デ フォト
（フラッシュなしの撮影は OK のところもありますが、禁止されているのに勝手に写真を撮っていると、係りの人が怖い顔をしてやってきます）

ビデオを撮ってもいいですか？
Puis-je filmer?
ピュイージュ フィルメ

何時に閉まりますか？
Vous fermez à quelle heure?
ヴ フェるメ ア ケルーる

タダですか？
C'est gratuit?
セ グらテュイ

窓口
guichet(m)
ギシェ

チケット
billet(m)
ビエ

学生一枚お願いします。
Un billet tarif étudiant, s'il vous plaît.
アン ビエ タリフ エテュディオン スィル ヴ プレ

リュックサック
sac à dos(m)
サッカ ド

ブーツ
botte(f)
ボットゥ

美術館
museé(m)
ミュゼ

開館
ouverture(f)
ウーヴェるテューる

閉館
fermeture(f)
フェるムテューる

進路
sens de la visite(m)
ソンスドゥ ラ ヴィズィットゥ

大人
adulte(m/f)
アデュルトゥ

学生
étudiant(e)
エテュディオン（トゥ）

展覧会で　1

この展示を逃しちゃだめだよ！
Il faut pas rater cette expo!
イル　フォ　パ　らテ　セッテクスポ

「expo エクスポ」とは、「exposition エクスポジスィオン＝展示会」の略。美術館などでの期間限定の作品展を意味します。パリジャンはよく、「○○のエクスポ行った？ よかったよ〜」「まだ行ってない！ いいらしいね。今度行くつもり〜」などといった会話をよく交わします。

[ちょっと砕けて…]
「rater」は、「〜を逃す」の砕けた言い方。「J'ai raté mon train. ジェ らテ モントらン（電車に乗り遅れた）」などと応用可。エレガントに話したい場合は、代わりに「manquer モンケ」を使用。ちなみに、正確に言うと、「Il ne faut pas rater cette expo! イル ヌ フォ パ らテ セッテクスポ」ですが、話し言葉では、ne が省略されることが多いです。

入場料はいくらですか？
C'est combien, l'entrée?
セ コンビヤン ロントれ

パンフレットを下さい。
Je voudrais une brochure, s'il vous plaît.
ジュ ヴドれ ユヌ ブろシューる スィルヴプレ

日本語のものはありますか？
Vous l'avez en japonais?
ヴ ラヴェ オン ジャポネ
（大きな観光地では、日本語のパンフレットもあるので、聞いてみては？）

英語のものはありますか？
Vous l'avez en anglais?
ヴ ラヴェ オノングレ
（日本語がなくても、英語ならたいていあります）

[模写]
美術館に行くと、絵画を前に模写している人たちがいます。本物とはサイズを変えて描かないといけないらしいです。また、子供たちも学校の課外授業で模写していたり、彫刻のデッサンをするのを見かけたことがあります。やはり本物に触れる機会が多いと、感性がよりよく発達したりするのでしょうか？

彫刻
sculpture(f)
スキュルテューる

絵画
peinture(f)
パンテューる

模写
reproduction(f)
るプろデュクスィオン

画家
peintre(m)
パントゥる

パンフレット
brochure(f)
ブろシューる

劇場で　1　🔊 51

正装しないといけないですか?
Il faut bien s'habiller?
イル　フォ　ビヤン　サビエ

「s'habiller」は、「服を着る」、という動詞。「bien s'habiller きちんと着る・正装する」という意味でも使用します。特に、正装なんてしなくてもいい公演もたくさんありますが、大人の集まりでは自分なりにおしゃれをしてきているフランスマダムを多く見かけます。

[〜しないといけない]
「Il faut〜」は、「〜しないといけない」の常套句。「飲まないといけない」は、「Il faut boire. イル フォ ボォワール」など。

今晩コンサートはありますか?
Il y a un concert ce soir?
イリヤ アン コンセーる ス ソワール
(演目はなんでもいいからとにかくここで観賞してみたい!という素敵な劇場もたくさんあります)

バネッサ・パラディのチケットはありますか?
Il reste des places pour Vanessa Paradis?
イル れストゥ デ プラス プール ヴァネッサ パラディ

『白鳥の湖』のチケットを2枚下さい。
Je voudrais deux billets pour Le Lac des cygnes.
ジュ ヴドれ ドゥー ビエ プール ル ラック デ スィーニュ

蝶ネクタイ
nœud papillon(m)
ヌ パピヨン

幕間(休憩時間)
entracte(m)
オントらクトゥ

ビュッフェ
buffet(m)
ビュフェ

タキシード
smoking(m)
スモキング

オペラ
opéra(m)
オペら

コンサート
concert(m)
コンセーる

劇場
théâtre(m)
テアートゥる

旅行代理店で 1

市街地にホテルを予約したいです。
Je voudrais réserver une chambre d'hôtel dans le centre ville.
ジュ ヴドれ れぜるヴェ ユヌ ションブる ドテール ドン ル ソントる ヴィル

街の中心から離れたところにもホテルはたくさんあります。部屋がとりやすかったり、安かったりもしますが、ホテルの周りに何もなかったりして、ちょっと不便です。それはちょっと避けたいと思ったときにこんなふうに。フランスの都市はやはり、旧市街地に昔ながらの雰囲気が残っているところが多く、歩くのが楽しかったりします。

浴槽付の部屋を。
Avec une baignoire.
アヴェックュヌ ベニョワーる
(「シャワー付き」だけでよければ、「Avec une douche アヴェックュヌ ドゥーシュ」)

そこは便利なところですか？
C'est un bon endroit?
セッタン ボノンドろワ

その辺は危なくないですか？
C'est pas dangereux ce quartier?
セ パドンジュるー ス キャるティエ
(「危ない」というのは主観的なものですが、できるだけ雰囲気のいいところの方が安心です)

[シャワーだけ!?]
お風呂にゆっくりつかりたい場合は、「浴槽付き」としっかり指定するのが大切！ 日本人ほどフランス人はお風呂につかる習慣がないので、まあまあいいホテルでも、素敵なシャワーだけ！というときあり。

そこは便利なところですか？
C'est un bon endroit?
セタン ボノンドろワ

旅行代理店
agence de voyage(f)
アジョンス ドゥ ヴォワイヤージュ

観光客
touriste(m/f)
トゥーりストゥ

ええ、街の中心部です。
Oui, c'est le centre ville.
ウィ セル ソントる ヴィル

地図
plan(m)
プロン

旧市街
centre ville(m)
ソントる ヴィル

ガイドブック
guide(m)
ギッドゥ

Part 6 ホテルで | 1 | 🔊 52

カルチャー・レジャーを楽しむ

部屋を見ることはできますか?
On peut voir la chambre?
オン プ ヴォワーる ラ ションブる

ふらっと、予約なしで入る場合、ホテルによっては、決める前に部屋をチェックしたり、お湯が出るかどうか確認したほうが安全な場合も。
夜の騒音まではさすがにチェックできませんが…。
ネットで予約した場合も、写真と実物が随分違う、なんてことがフランスでももちろんあります!

[私たち]
「on オン」は、口語で「私たち」。「私たち nous」のやや砕けた形ですが、よく使用します。ここでは、「私たちは、部屋を見ることができますか?」と、複数の想定。「私 je」だけだったら、「Je peux voir la chambre? ジュ プ ヴォワーる ラ ションブる」。

予約しています。
J'ai une réservation.
ジェ ユヌ れぜるヴァスィオン
(そして、「森です。C'est madame Mori. セ マダム モリ」のように名乗ります)

2人部屋は空いていますか?
Vous auriez une chambre pour deux personnes?
ヴゾりエ ユヌ ションブる プーる ドゥ ぺるソンヌ
(予約なしで入っていくときは、こんな風に尋ねます)

朝食はどこで食べられますか?
Où est servi le petit déjeuner?
ウ エ せるヴィ ル プティ デジュネ
(旅行の楽しみの一つ、おいしい朝食。どこで食べるかはこんな風に)

(私たちは)今すぐ行ってもいいですか?
On peut y aller tout de suite?
オン プ イ アレ トゥ ドゥ スイトゥ
(疲れた! 早く部屋に行きたいときに)

ありがとう。
Merci.
めるスィー

良い1日を、マダム。
Bonne journée, madame.
ボヌ ジュるネ マダム

ポーター
porteur(m)
ポるトゥーる

エントランス
entrée(f)
オントれ

聞いてみよう。
On va demander.
オン ヴァ ドゥモンデ

ドアマン
portier(m)
ポるティエ

この辺りにおいしいレストランはあるかしら?
Est-ce qu'il y a de bons restaurants par ici?
エス キリヤ ドゥ ボン れストろン パリスィ

| ホテルで | 2 |

この辺でおいしいレストランをご存知ですか?
Vous connaissez de bons restaurants par ici?
ヴ　　　コネセ　　　　　ドゥ　ボン　　れストロン　　　　　パリスィ

ホテルの受付の人にもよります。本当に親身に教えてくれることもあれば、単に、契約している感じの観光客向けのレストランを紹介される場合もあるので、行ってみたらがっかりすることも…。信用できそうだったら是非。

[丁寧に尋ねる]
「Vous auriez ～ ヴゾリエ」は、「～をお持ちですか?」と丁寧に尋ねる便利な表現です。「Vous auriez un stylo? ヴゾリエ アン スティロ（ペンをお持ちですか？＝ペンをお持ちでしたら貸していただけますか？）」のように使用。

この時間にどこで食事ができますか?
Où est-ce qu'on peut manger à cette heure-ci?
ウ エス コン プ モンジェ ア セッターる スィ
（食事には遅い時間にホテルに着いた。でもお腹すいた～! なんてときに）

ここのホテルのカードはありますか?
Vous auriez une carte de cet hôtel?
ヴゾリエ ユヌ キャるトゥドゥ セットテール
（住所が記されたホテルのカードは、タクシーなどに見せるのに便利）

タクシーを呼んでいただけますか?
Puis-je avoir un taxi?
ピュイージュ アヴォワーらン タクスィ

受付
accueil(m)
アキュイユ

チェックイン
check-in(m)
チェッキンヌ

ロビー
halle(f)
アル

[ツインとダブル]
シングルの部屋は「une chambre pour une personne ユヌ ションブる プーる ユヌ ぺるソンヌ」、ダブルの部屋は「une chambre avec un lit double ユヌ ションブ る アヴェック アン リ ドゥブル：ダブルベットの部屋」、ツインは「une chambre avec deux lits ユヌ ションブる アヴェックドゥリ：2つベットのある部屋」などと指定します。

ホテルで 3 🔊 53

お湯が出ません。
Il n'y a pas d'eau chaude!
イル ニヤ パ ドー ショードゥ

ヨーロッパ式の古いホテルは、各部屋のお湯が共有のタンクで温められていることがあって、他のお客さんが使ってしまうと、もうお湯がない! ということがたまにあります。みんながシャワーを浴びる時間帯に出遅れてしまったら、信じられないことに、冷たいシャワーしか浴びられないことが。アメリカ式のホテルやちょっといいホテルではまずないと思いますが…。
部屋に問題があったり、気に入らないときは、とりあえずフロントに言ってみるものです。変な部屋に通されて、文句を言ったら、あっさり、10倍もいい部屋に変えてもらえることもままあります……。旅行のプロによれば、決してケンカ口調にならず、でもしっかり訴えることが交渉成功の秘訣とか……。

305号室の山口です。
C'est Mademoiselle YAMAGUCHI de la chambre 305.
セ マドゥモワゼル ヤマグチ ドゥ ラ ションブる トろワ ソン サンク
(簡単に、「305号室のものです。C'est la chambre 305. セ ラ ションブる トろワ ソン サンク」でもOK。)

問題があります。
J'ai un problème.
ジェ アン プろブレム
(フロントに電話して、クレームを切り出すときの一言)

部屋が寒すぎます。
Il fait trop froid dans ma chambre.
イル フェ トろ フろワ ドン マ ションブる
(「部屋が暑すぎます」は、「froid」の代わりに、「chaud ショー」を入れて使用)

部屋を変えて下さい。
Je voudrais changer de chambre.
ジュ ヴドれ ションジェ ドゥ ションブる

お湯が出ません!
Il n'y a pas d'eau chaude!
イル ニヤ パドー ショードゥ

浴室
salle de bain(f)
サル ドゥ バン

シャワー
douche(f)
ドゥーシュ

蛇口
robinet(m)
ろビネ

バスタブ
baignoire(f)
ベニョワーる

鏡
miroir(m)
ミろワーる

バスローブ
peignoir(m)
ペニョワーる

バスマット
tapis de bain(m)
タピ ドゥ バン

Part 6 カルチャー・レジャーを楽しむ

ホテルで | 4

荷物を預かっていただけますか?
Vous pouvez garder mes bagages?
ヴ　プヴェ　ギャルデ　メ　バギャージュ

チェックアウト後も、普通、ホテルでは荷物を預かってくれます。観光で持ち歩くのが大変なときは頼んでみましょう。でも、どこに置いておいてくれるのかは、一応チェックしておいた方がいいかも。こんなに人通りのあるところに置きっぱなし?という場合もあるので……。

[何故か複数形!]
この場合、「bagages バガージュ（荷物）」、は、スーツケース一つでも、何故か複数形で使用。トイレも「les toilettes」と一個しかなくても複数形（単数だと身づくろいの意）。その他にも、「休暇 vacances ヴァコンス」「眼鏡 lunettes リュネットゥ」「ハサミ ciseaux スィゾー」も複数で使用します。

5時までです。
Jusqu'à cinq heures.
ジュスカ サンキューる
（「Jusqu'à 〜 ジュスカ」は、「〜まで」という表現）

チェックアウトをお願いします。
Le check-out, s'il vous plaît.
ル チェッキャウトゥ スィルヴプレ
（お馴染みの「チェックアウト」が使えます）

領収書をお願いします。
Je voudrais un reçu, s'il vous plaît.
ジュ ヴドれ アン るシュ スィルヴプレ

部屋に忘れ物をしました。
J'ai oublié quelque chose dans la chambre.
ジェ ウーブリエ ケルク ショーズ ドン ラ ションブる

ルームサービス
room service(m)
るーム セるヴィス

手荷物預かり所
vestiaire(m)
ヴェスティエーる

旅行かばん
sac de voyage(m)
サック ドゥ ヴォアイヤージュ

枕
oreiller(m)
オれイエ

段ボール箱
carton(m)
キャるトン

毛布
couverture(f)
クーヴェるテューる

レンタカー店で 1

どうやって市街地まで行けばよいですか？
Comment on va au centre ville?
コモン　　　　オン　ヴァ　オ　　ソントる　　　ヴィル

レンタカー店では、今いる場所や、車を返すときにガソリンを入れるスタンドの場所、市街地までの行き方などを、地図に書き込んでもらうと便利です（近辺の地図をくれることが多いです）。「それはこの地図ではどこですか？」は、「Où c'est sur la carte? ウ セ シューる ラ キャルトゥ」。

[同じキロでも…]
日本とフランスは、キロメートル（kilomètre キロメットる）やキログラム（kilogramme キログらム）など、長さや重さの単位が同じですが、「kilo キロ」と省略するのは、なぜか常に重さの方だけです。「あそこまで 10 キロ！」と長さを省略して使用すると、「体重が？何が？」と、理解してもらえません……。

料金表を見せてもらえますか？
Je peux regarder la liste des tarifs?
ジュ プ るギャるデ ラ リストゥ デ タリフ
（レンタカー店で、車を選ぶときに）

B カテゴリーの車をお願いします。
Une voiture de catégorie B, s'il vous plaît.
ユヌ ヴォワテューる ドゥ カテゴリ ベ スィルヴプレ

保険に入ります。
Je prends une assurance.
ジュ プろン ユナシュろンス

制限キロ数はありますか？
Il y a une limite de kilométrage?
イリヤ ユヌ リミットゥ ドゥ キロメットらージュ

どうやって市街地まで行けばいいですか？
Comment on va au centre ville?
コモン オン ヴァ オ ソントゥる ヴィル

地図に書きましょう。
Je vais vous le marquer sur la carte.
ジュ ヴェ ヴ ル マるケ シュる ラ キャるトゥ

レンタカー店
location de voiture(f)
ロキャスィオン ドゥ ラ ヴォワテューる

車
voiture(f)
ヴォワテューる

方向指示器
clignotant(m)
クリニョタン

タイヤ
pneu(m)
プヌ

ライト
phare(m)
ファーる

ドライブする | 1

変なところに駐車してきた!
Je suis mal garé(e)!
ジュ スィ マル ギャレ

パリを車で移動するときは、駐車する場所を見つけるのに苦労します。なので、罰金におびえながらも、禁止されているところに止めてきてしまって用を済ませる、ということもしばしば。そんなときに、こんなふうに説明して、用が済んだらさっさと場を後にします。「この場に長居したくないなぁ」なんてときの口実にも使えます。

よいドライブを!
Bonne route!
ボヌ るーットゥ
(これから車で遠出をする人に、別れ際にこう一言)

ウィンカー!
Clignotant!
クリニョタン
(運転に慣れていない人に、横からこんな風にアドバイス(?))

ハザード出して!
Mets les warnings!
メ レ ワるニング
(フランスでも、渋滞などで急に車が減速したら、ハザードで合図します)

赤信号、通過しちゃった!
J'ai grillé un feu rouge!
ジェ グリエ アン フ るージュ
(やや砕けた言い方。慣れない国、慣れない土地ではついうっかりにご注意!)

ワイパー
essuie-glace(m)
エスュイ グラス

バックミラー
rétroviseur(m)
れトろヴィズーる

駐車する
se garer
ス ギャレ

ここは駐車禁止だ。
Il est interdit de se garer ici.
イレタンテるディドゥ ス ギャレ イスィ

待って!
Attendez!
アトンデ

警察官
policier(m)
ポリスィエ

駐車場
parking(m)
パるキング

[プラムを取った?]
話し言葉で、「駐車違反の切符を切られちゃった! J'ai pris une prune! ジェ プリ ユヌ プリュヌ!」(直訳は「プラムを取った」)なんて表現もあります。また、フランスで難しい(?)のが、ロータリー式交差点。場所によりますが、パリの凱旋門の周りなど、たくさんの車がグルグル回っている大きなロータリーに、わーと入って、わーと好きな所で出ます…。

Part 7
フランス人と
友だちになる
Se faire des amis en France

フランス人とはビズで挨拶。
親しくなったら、
自分の家に招待しよう！

紹介 1

こちらが、エリック。友達なの。
C'est Eric, un ami à moi.
セ　　　エリック　　　アナミ　　　ア　モワ

両方とも自分の知り合いで、初めて会った人同士には、こうやって間に入って紹介してあげます。フランスで自己紹介、または他人を紹介する場合は、肩書よりも名前を先に紹介します。以前、フランスでの初めての仕事先で、「あなたは？」と聞かれたので、「私は研修生（stagiaire）です」と自己紹介したら、「名前はスタジエール？」と笑われました。

[自宅で大騒ぎ]
フランスでは、フェット（fête フェットゥ）と言って、たくさんの人を自宅に招いて、食べ物を囲んでおしゃべりをしたり、音楽をかけて踊ったり…、といったことがよく行われます。友人を呼ぶのはもちろん、家族とか仕事先の知り合い、近所の人まで来ていることもあり、よくある出会いの場でもあります。フェット好きが隣りに住んでいるとうるさくて大変です！

こちらが、アントワーヌ。私の彼です。
C'est Antoine, mon ami.
セ オントワンヌ モナミ
(「un ami アナミ」と言えば「友達」ですが、「mon ami モナミ」と「私の mon モン」を付けると、あっという間に「私の彼」という意味に)

こちらは、カミーユ。同僚なの。
C'est Camille, ma collègue.
セ カミーユ マ コレッグ

で、ニコラ。彼女のご主人。
Et Nicolas, son mari.
エ ニコラ ソン マリ
(単に名前だけ。手で示しながら)

み〜さです。
C'est Miisa.
セ ミーサ
(または、「私はみ〜さです。Je suis Miisa. ジュ スィ ミイサ」「み〜さと申します。Je m'appelle Miisa. ジュ マペル ミイサ」)

同僚
collègue(m/f)
コレッグ

夫
mari(m)
マリ

妻
femme(f)
ファム

こちらがアントワーヌ、私の彼です。
C'est Antoine, mon ami.
セ オントワーヌ モナミ

あなたがアントワーヌね！
C'est toi, Antoine!
セ トワ オントワーヌ

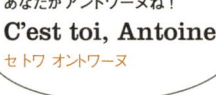

| 紹介 | 2 |

はじめまして。
Enchantée.
オンションテ

女性を想定して、語尾に e がついています。男性だったら「Enchanté オンションテ」。発音は同じです。こう言いながら、握手を交わしたり、ビズを交わしたりします。

[これぞ！フランス式あいさつ！]
ビズとは、チュ、チュと口で音を出しながら、頬を左右交互にお互いくっつけてする挨拶。本当に頬にチューをする人もいます。パリは、左右 1 回ずつ計 2 回になりますが、地方によっては、3 回、4 回もあるようで、2 回で終えようとすると、「私は 3 回する人です」といって、もう 1 回付け加える人などがいます（なぜ、自分に合わさせるのかは謎）。普通はある程度親しい人としますが、初対面でする場合も。

あら、あなたがゆう子さんね！
C'est toi, Yuko!
セトワ ユーコ
（「やっと会えたわ〜。あなたに会ってみたかったのよっ！」と大げさな感じでいうのがポイント）

彼からたくさんあなたの話は聞いています。
Il m'a beaucoup parlé de toi!
イル マ ボークー パるレ ドゥトワ
（「お噂はかねがね〜」といった感じ。彼女を初めて家族や親しい友人に会わせた、なんてときによくなされる会話）

いいことだといいんですけど。
En bien, j'espère!
オン ビヤン ジェスペール

はじめまして。
Enchantée.
オンションテ

ビズ
bise(f)
ビーズ

やあ！
Salut!
サリュ

元気？
Ça va?
サ ヴァ

DJ
DJ(m)
ディジェ

クラブ
boîte de nuit(f)
ボワットゥ ドゥ ニュイ

音楽
musique(f)
ミューズィック

Part 7 | 連絡先を交わす | 1 | 🔊 56

フランス人と友だちになる

電話し合おう!
On s'appelle!
オン　サペール

別れ際によく使われるセリフ。「電話してくれる？ Tu m'appelles? テュ マペール」でも、「電話するね！ Je t'appelle! ジュ タペール」でもいいですが、どっちが電話する？と今決めずに、まあ、どっちかが…と、気楽に別れられるので便利な表現。手で（親指と小指だけを立てて）、受話器のように耳元にあてるジェスチャーを一緒にすることもあります。

[番号送るね！]
携帯電話間ではメールよりテキストメッセージ（SMS）の交換が盛んなフランス（画像つきは MMS と言う）。住所や電話番号、メールアドレスなど、書きとめる面倒を避けるために、「SMS で送るよ。Je t'envoie par SMS. ジュトンヴォワ パれセメス」と言って、送り合うのが今風。プライベートでは会社の名刺交換はあまり見かけません。

メールアドレスは何？
C'est quoi ton adresse e-mail?
セ コワ トナドれス イーメイル

アドレス何だったっけ？
C'était quoi déjà, ton adresse?
セテ コワ デジャ トナドれス
（「知ってたんだけど…」のニュアンスは、「déjà」で出します）

電話番号教えとくね。
Je te laisse mon numéro.
ジュ トゥ レス モン ニュメろ
（「教えて」というと即断られるのが怖い場合など、自分のを先に教えておいて、あまり期待せずに返事を待ちます）

電話番号もってないんだけど。
J'ai pas ton numéro.
ジェ パ トン ニュメろ
（「君の電話番号なくしちゃったんだ！」と言うときの言い訳ナンバーワンは、携帯紛失。盗難も多し）

電話し合おうね!
On s'appelle!
オン　サペール

うん、またね!
Oui, à plus!
ウィ ア プリュス

ケープ
cape(f)
キャップ

CLUB ISABEL

[口約束にはご注意を！]
「電話し合おう！」「またご飯でも！」などと約束しても、何の連絡もない！というのは当たり前。口約束は、日本より守られない、というのは顕著な特徴です。何の連絡もなくても、こちらに落ち度があるわけではないので気にせず、律儀に予定を空けたりする前に、約束を確定することが先決です!!

| 飲みに行く | 1 |

今夜出かける?
On sort ce soir?
オン　ソーる　ス　ソワーる

飲みにいくお誘いにもなりますが、観劇、レストランなど、夜の外出にも使用。飲むと言っても居酒屋のように、飲みながらつまんで食事にする、といった形式があまりないので、飲むと言えば、食事前のアペリティフか、食事後にバーかなんかで「また一杯どう?」となります。

[いろいろな乾杯!]
「Santé!」の直訳は、「健康に!」。「あなた(君)の健康に! À votre(ta) santé! ア ヴォートる(タ)ソンテ」の省略バージョン。「À la vôtre! ア ラ ヴォートる」または「Tchine! チンヌ」と言うことも。いずれも、乾杯と同じタイミングで使いますが、特にグラスを空ける必要はありません(空けたら逆に驚かれるかも)。また、通常は相手の目を見て、グラスを重ねるのがマナーだそうです。

なに飲む?
Tu prends quoi?
テュ プろン コワ

乾杯!
Santé!
ソンテ

もう一杯?
Un autre?
アノートる
(「もうそろそろ行く?まだいる?」なんて聞きたいときにも)

同じものをお願いします!
La même chose, s'il vous plaît!
ラ メーム ショーズ スィル ヴ プレ
(と、飲みほしたグラスを指し示しながらいうと、同じものを持ってきてくれます。ウエイターさん、よく覚えてるなぁ、と毎回思います)

バー
bar(m)
バーる

カウンター
comptoir(m)
コントワーる

ビール
bière(f)
ビエーる

同じものをお願いします。
La même chose, s'il vous plaît.
ラ メーム ショーズ スィル ヴ プレ

ピスタチオ
pistache(f)
ピスタッシュ

誘う | 1

いいレストラン知ってるんだ〜。
Je connais un resto sympa!
ジュ　コネ　　　アン　れスト　　サンパ

そんなに高くもなく、通好みのおいしいレストランを知っていることは、フランスでもステイタス（そして、やはり行きつけだとなおよい）。レストランに限らず、惣菜屋、ケーキ屋など、おいしいアドレスの情報交換も盛んです。知る人ぞ知る！の人気レストランでは予約を取らないところもあり、冬の寒空の下、長々と順番待ちの列ができているところもあります。でも、普段は文句言いのパリジャンたちも、誇らしげにおしゃべりしながら順番を待っています。

[日本のガイドブックがよい？]
日本のガイドブックやサイトには、お店情報が、フランスのもの以上に詳しかったり、写真入りでおいしそうに載っています。パリ在住なのに、日本のパリ特集雑誌を友人に置いていってもらい、それを見て、「ここに行こう！」と決めたりすることも…。

一緒にお昼ごはん食べる？
On déjeune ensemble?
オン デジューヌ オンソンブル

今夜、予定空いてる？
T'es libre ce soir?
テ リーブる ス ソワーる
（「Tu es テュ エ」が、口語で「T'es テ」と縮まって、砕けた感じで話されることもよくあります）

一杯飲まない？
On va prendre un verre?
オン ヴァ プろンドぅらン ヴェーる

夕食おごるよ。
Je t'invite à dîner.
ジュ タンヴィタ ディネ
（飲み物だけならよくありますが、「夕食をご馳走する」となると特別な意味をもつこともあるようなので、OK（おごってもらう）は慎重に…）

朝食
petit déjeuner (m)
プティ デジュネ

昼ごはん
déjeuner (m)
デジュネ

ディナー
dîner (m)
ディネ

| 誘う | 2 |

喜んで!
Avec plaisir!
アヴェック プレズィーる

「本当に誘ってくれてうれしいわ！」というときに。以下、右のフレーズは、下に行くほどやる気がない返答になります。もちろん、うれしいのにその気のない返事を敢えてするのも、お誘いの駆け引きの一つだし、嫌だけどうれしそうにする社交辞令もあるので、一概には言えませんが…。

[喜びのシチュエーション]
ちょっと嬉しい。くらいのときでも、「ありがとう～！」「うれしいわ～!!」と大げさな表情で感動したり、抱擁してきたりするフランス人（その後、何だったのあれ？なんて、背後でシラッと悪口を言うのも、パリジェンヌっぽい。その一瞬の落差に驚きます）。
また、「喜んで！」もムッツリつまらなそうに言うと、皮肉に。誤解されないように。

いいアイデア!
Bonne idée!
ボニデ

いいんじゃない?
Pourquoi pas?
プるコワ パ
（「どうして断る理由があるんだ？」という言い方。肩をすくめながら使用）

君がそうしたいなら。
Si tu veux.
スィ テュ ヴ
（一見、相手の意見を尊重しているような、「自分はどっちでもいいや」という感じのやる気のないような返答）

行きたいのは山々だけど…。
Je veux bien mais…
ジュ ヴ ビヤン メ
（断わるときに。もちろん、「本当に行きたいけど行けない！」ときにも）

なんの料理かしら?
Qu'est-ce que c'est?
ケ スク セ

おなかすいた!
J'ai faim!
ジェ ファン

美味しそう!
Ça a l'air bon!
サ ア レーる ボン

家に招待 | 1 🔊 58

試合見に来なよ！
Viens voir le match!
ヴィヤン　ヴォワーる　ル　マッチ

フランスチームのサッカーの試合になると、いろいろ文句を言いながらも盛り上がるフランス人。大事な試合の時間には、テレビのあるカフェに集まっているか、家で観戦するので、道行く人がいなくなり、街はガラ〜ンとしています。フランスチームがシュートを決めると、ワ〜ッ！とそこいらじゅうから叫び声が聞こえるので、テレビを見ていなかったとしても「あ、ゴール決まったな」とわかります。

[フランス人になりきれる？]
フランスチームが勝ったときには「勝った〜！ On a gagné! オナ ギャニエ」。「彼ら」ではなく、「我らは勝った！」という言い方をします。フランス人ではない私にはちょっと使いにくい表現…。

ブルー行け〜♪
Allez les Bleus ♪
アレ〜 レ ブルー
(フランスナショナルチームの色といったら青。なので「青よ行け〜！」と叫ぶか、連呼して歌います。日本のユニフォームも青だけど…、とちょっと思います)

行け、シュート！
Allez, tire!
アレ ティーる
(ゴールが入ったら「ゴール！ But! ビュットゥ」と歓喜。または興奮して「ゴ〜〜〜〜〜〜〜ル Buuuuuuuuuuuuuuuuuut! ビューーーーーートゥ」)

そっちじゃないよ！
C'est pas par là!
セ パ パる ラ
(テレビの前で、偉そうに批判をするのもお決まり。「左だよ！ Á gauche! ア ゴーシュ」などと叫び、すっかり自分が司令塔)

サッカー
foot(m)
フットゥ
(**football**の略)
フットゥボル

テレビ
télé(f) (**télévision**の略)
テレ　テレヴィズィヨン

試合
match(m)
マッチ

家に招待 | 2

うちに夕ごはん食べに来る?
Tu viens dîner à la maison?
テュ　ヴィヤン　　　ディネ　　　ア　ラ　メゾン

フランス人と親しくなってくると、家でのお食事に招待し合います。招待されたら、次は自分の番で招待し返す、というのがマナー。ちゃんとしたディナーから何かつまむ程度まで、さまざまですが、おしゃべりして和む、というのが大事 (美味しいものを用意しても、料理人がキッチンにこもりきりでは、よい招待とは言えないようです)。

何かもってきてほしいものはある?
Tu veux que j'apporte quelque chose?
テュ ヴ ク ジャポるトゥ ケルク ショーズ
(本格的ディナーでなければ、「何か分担して持って行くよ」と提案)

ううん、何もないよ。心配しないで!
Non, rien du tout, t'inquiète!
ノン リヤン ドゥトゥ タンキエットゥ
(「t'inquiète」は、「Ne t'inquiète pas ヌ タンキエットゥ パ」を略した話し言葉)

[何もっていく?]
遠慮のいらない関係だったら、「じゃ、飲み物もってきて」と頼んだりします。もちろんご馳走される料理などに合わせますが、たいてい、ワイン、それも赤がポピュラー。普段家で飲んでいるより、ちょい高めでいいものを、というのが定番。お祝いのときは、シャンパンを冷やして持参。

何か飲み物をもってきてもらえたらうれしい!
Si t'amènes de la boisson, ça sera sympa!
スィ タメンヌ ドゥ ラ ボワソン サ スら サンパ
(「t'amènes」は、「tu amènes テュ アメンヌ」が、縮まった口語形)

キッチン
cuisine(f)
キュイズィーヌ

流し台
évier(m)
エヴィエ

食器用洗剤
liquide vaisselle(m)
リキッドゥ ヴェッセル

ココット鍋
cocotte(f)
ココットゥ

やかん
bouilloire(f)
ブイワーる

レンジ
cuisinière(f)
キュイズィニエーる

オーブン
four(m)
フーる

Part 7 フランス人と友だちになる

人を招く | 1 🔊 59

自分の家のようにくつろいで。
Fais comme chez toi.
フェ　コム　シェ　トワ

本当に自分の家のようにくつがれたらイヤではないか、とも思いますが（いきなり靴下を脱ぎ、ソファー前のテーブルに足をのせたり、勝手に冷蔵庫を開けたり…）、ホスピタリティーを表してこんな風に言うのが慣習。夫が仕事から帰ってきて、「あ～、のど乾いた！カルピス飲んでいい？（←ある夏、日本食品店で購入）」と言ったら、娘（当時4歳くらい）が、上記のように「自分の家にいるようにしていいよ!、パパ!」と答えていました。本当に自分の家なんですが…。

[靴で入っていいですか？]
フランスの家は一般に土足で入っていくので、「靴を脱いでください」というと驚かれたり、（靴下に穴があいているので？）嫌がられたり、ということも……。

入って！（tu で話す一人の人に）
Entre!
オントる
（ドアを開けて、「どうぞ～！」という感じで招き入れます）

コート預かるね。
Donne-moi ton manteau!
ドヌ モワ トン モントー
（コートを預かって、しわしわにならないように片付けます。専用の場所がないアパルトマンでは、寝室のベッドなどによく置いてあります）

座って。
Assieds-toi.
アスィエ トワ
（「どうぞ！」と座布団はすすめませんが、ソファーなどに案内）

何飲みたい？
Qu'est-ce que tu veux boire?
ケス ク テュ ヴ ボワーる
（フランスでもまずは飲み物をすすめます）

お招きありがとう。
Merci pour l'invitation.
めるスィ プる ランヴィタスィオン

こんばんは！
Bonsoir!
ボンソワーる

ドア
porte (f)
ぽるトゥ

入って！（複数の人に）
Entrez!
オントれ

手すり
rambarde (f)
らンバるドゥ

廊下
couloir (m)
クールワーる

チャイム
sonnette (f)
ソネットゥ

| 招かれる | 1 |

これは、あなたに。
C'est pour toi.
セ プーる トワ

人の家に招かれたときに、手土産をもっていきます。チョコレートや花など、ちょっとしたものを。それを手渡しするときに、こんな風に一言。もちろん、大がかりなプレゼントのときにも使用できます。もらったら、「これを私に!? C'est pour moi!? セ プる モワ」と、やや大さに感激してみるのがフランス流。

[こんな人いる？]
学生時代の友人で、芸術家肌でちょっと変わった女性がいます。彼女が結婚した！というので、イメージにちょっと合わないかな？と思いつつ、お祝いに可愛い花束を持参したら、「花瓶ない」と、本箱の本の隙間に突っ込み、きれい〜！と一言…。

おうちのなか、案内してくれる？
Tu me fais visiter?
テュ ム フェ ヴィズィテ
(初めて訪ねたお家では、家のなかを見せてくれる習慣があります。そのために、ちゃんと片づけておくとか。一部屋しかないストゥディオでは、うっかり言わない方が吉)

素敵なお家だね!
C'est sympa chez toi!
セ サンパ シェトワ
(一通り見せていただいたらこんな風に)

何がある？
Tu as quoi?
テュ ア コワ
(「何が飲みたい？」と聞かれたら。とはいえ、「大したものないけど。Pas grande chose. パグろンドゥ ショーズ」という返答も多い)

ありがとう。
Merci.
メるスィ

コート掛け
portemanteau(m)
ポるトゥモントー

絵画
tableau(m)
タブロー

観葉植物
plante(f)
プロントゥ

インテリア
décoration d'intérieur(f)
デコらスィオン ダンテリユー

コートあずかるね。
Donne-moi ton manteau.
ドヌ モワトン モントー

友人の家で食事 1 🔊 60

テーブルについて!（ご飯ですよ!）
À table!
ア　　タ－ブル

料理の準備が整ったときの一言。家庭ではママン（ママ）のセリフ（もちろんパパも使います…）。こんな風に言われたら、席に着きます。フランスで食卓に着くときは、男、女、男、女…と交互に座る習慣も（そんなこと全然気にしない場合もありますが）。招待の席は、子どもは別席、または、先に食べさせて、大人だけでくつろいで食べることも多いです。

[Bon appétit!　ボナペティ=よい食欲を！]
フランス語に「いただきます！」はないので、代わりに同じようなタイミングで使用。でも、どうぞ召し上がれ、というニュアンスなので、招待側がこう言ったら、招待された側は「ありがとう Merci メるスィー」と返事をしていただきます。もともとはあまり上品ではない表現とされていたそうですが、今では普通の人が普通に使用しています（使わないお品なご家庭も）。

ワイン欲しい人は（誰）？
Qui veut du vin?
キ ヴ デュ ヴァン
（こう聞かれたら、「私! Moi! モワ」と言うか、目や手で合図をします。たいていは、その家のホストまたは年配の男の人が注ぎます。女性は注がない方が無難。女性で、自分のグラスが空になった、もっと欲しいわ〜、と思ったら、「ワイン下さい」と頼んだり、隣の自分の彼に、「注いでくれない？」と言ったりします）

いい匂い!
Ça sent bon!
サ ソン ボン
（臭さ自慢のチーズなどに使用すると、「お、マニアだな」と思われます）

どうぞ、よそって!
Sers-toi!
セールトワ
（家庭料理では、ボン、と大皿に料理をもって、各自取り分ける、ということが多いです。その場合は女性から）

ごはんよ〜!
À table!
ア タ－ブル

フォトフレーム
cadre photo(m)
キャードゥる フォト

ランプ
lampe(f)
ロンプ

キャニスター
pot(m)
ポ

友人の家で食事 | 2

おいしい!
C'est très bon!
セ トれ ボン

食したときの第一声。感心、または感動したように、目を丸くしながら大げさに言うのがポイント。失礼にならない程度に、「どうやって作ったの?」とか、「どこで手に入れたの?」など、さりげなく持ちあげたりします。

[慣れないフランスの食べ物]
ある種のチーズや内臓系の食べ物など、何年たっても匂いになじめないものがいくつかあります。横でフランス人夫と娘たちは、ム〜ンと、鼻に香りを抜くように仲よく味わっていますが……。

おいしい〜!
C'est délicieux!
セ デリスィウー

ちょっとこれは、私には難しいな。
C'est un peu difficile pour moi.
セタン プ ディフィスィール プール モワ
(香りや触感など、どうしても苦手なものは、こんな風に言って食べないか、知っていたら取らないようにします)

十分いただきました。
J'ai assez mangé.
ジェ アッセ モンジェ

ワインいる?
Tu veux du vin?
テュ ヴ デュ ヴァン

ありがとう。
Merci.
メルスィ

おいしい!
C'est bon!
セ ボン

赤ワイン
vin rouge(m)
ヴァン るージュ

スツール
tabouret(m)
タブれ

白ワイン
vin blanc(m)
ヴァン ブロン

| 帰る | 1 | 🔊 61 |

そろそろ失礼するね。
On va pas tarder.
オン　ヴァ　パ　タルデ

「もう一杯どう?」なんてすすめられたときに、「もう失礼するから…」という感じで使用（口語なので、否定形を作る ne が省略されています）。直訳は「私たちは遅れをとらない」。こう誰かが言うと、「私も！Moi, non plus. モワ ノン プリュ」「我々も！Nous, non plus. ヌ ノン プリュ」と、わらわらと解散になったりもします。

[最終メトロ…]
夜通しで遊ぶ（語り合う?）ときもありますが、パリだとメトロの最終が1時ごろなので、そのちょっと前くらいにお開き？ということが多い気がします。

とても楽しかったよ。
C'était vraiment sympatique.
セテ ヴれモン サンパティック

来てくれてありがとう〜！
Merci d'être venu(e)(s)！
メるスィ デートる ヴニュ
（「ご馳走ありがとう！」と言われたら、「こちらこそ、来てくれてありがとう」とこんな風に言います）

こちらこそ。
Merci à toi.
メるスィー アトワ
（お礼を言って去るのが礼儀。その返事に、「何でもないよ。De rien. ドゥリヤン」と言うより、「こちらこそありがとう！」という返答を）

とても楽しかったよ！
C'était très sympa!
セテトれ サンパ

またね！
À bientôt!
ア ビヤント

来てくれてありがとう。
Merci d'être venu.
メるスィ デートる ヴニュ

フローリング
parquet(m)
パるケ

床
sol(m)
ソル

Part 7　フランス人と友だちになる

プレゼントする　1

あなたにちょっとしたプレゼントがあるの！
J'ai un petit cadeau pour toi!
ジェ　アン　プティ　キャドー　プーる　トワ

日本ほど、何かにつけて贈り物、という文化はないですが（＆お土産程度で高価なものを持っていくと逆に驚かれます）、機会があれば、ちょっと気の効いたプレゼントをすることは多いです。そして貰ったら、「ありがとう。ほんと素敵！Merci, c'est magnifique! メるスィ セ マニフィック」などと、息をのんで、目でも感動を表現。大げさなくらいに全身でお礼を言います。また、人によっては、ガバッと抱きついたり、左右の頬にビズ（P.123 参照）をしたりします。

[「petit プティ」こんな使い方も。]
「小さい」という意味だけでなく、「ちょっとした、気のきいた」など、よい意味で使われることも。「このワイン（高くないけど）いいね。J'aime bien, ce petit vin. ジェム ビヤン ス プティ ヴァン」

ビックリプレゼントがあるよ！
J'ai une petite surprise pour toi!
ジェ ユヌ プティットゥ シュるプリーズ プーるトワ
（パパが幼い娘にペロペロキャンディーを買ってきてあげたときに、こう言いながら渡します）

親切すぎるよ！
C'est trop gentil!
セトロ ジョンティ
（こう言われると、「え？やりすぎた？」と思ってしまいますが、そんなことはなく、一つのお礼の表し方）

そんな気をつかってくれなくていいのに！
Il fallait pas!
イル ファレ パ
（直訳は、「そうするべきでなかった」。でも、あちゃ〜と、思わなくてもOK。プレゼントをもらったときの典型句です）

まさに私が欲しかったものだ！
C'est exactement ce que je voulais!
セテクザクトゥモン ス ク ジュ ヴレ
（嘘か本当かは謎ですが、このくらいドラマチックに）

わあ、ありがとう！
Ouah, merci!
ワウ メるスィ

三つ編み
tresse (f)
トれス

ペロペロキャンディー
sucette (f)
シュセットゥ

プレゼント
cadeau (m)
キャドー

ビックリプレゼントがあるよ！
J'ai une petite surprise pour toi!
ジェ ユヌ プティットゥ シュるプリーズ プーるトワ

久しぶりの再会

🔊 62

久しぶり〜!
Ça fait longtemps!
サ　フェ　ロントン

「長い間会わなかったね! Ça fait longtemps qu'on ne s'est pas vu(e)s! サ フェ ロントン コン ヌ セ パ ヴュ」の短くなった形。

[親しい仲にも…]
道でばったり、学生時代の友人に会ったとき、「ベビーカーを押してやつれ気味だなぁ、私」と自分でも思ったので、「でも、よくすぐに私ってわかったね。だいぶ変わっただろうに」と言ってみたら、「いや〜、僕もだいぶ変わったしね!」と言われました。いや、「全然変わってないからね!」と言ってほしかったです（フランス人でも普通は、「変わってないね」と、ちゃんとお世辞を言います）。

その後どうよ?
Quoi de neuf?
コワ ドゥ ヌフ

あいかわらず。
Rien de nouveau.
リヤン ドゥ ヌーボー
（直訳は「新しいことは何もない」。でも、10年も会わなかったりすると、何から話していいかもわからない……）

マチューの近況知ってる?
T'as des nouvelles de Matthieu?
タ デ ヌーヴェル ドゥ マテュー
（久しぶりに会った昔の友人とは、共通の友だちの近況を聞き合うことが主な話題）

久しぶり〜!
Ça fait longtemps!
サ フェ ロントン

元気?
Ça va?
サ ヴァ

紅葉
feuille rouge(f)
フイユ るージュ

ベビーカー
poussette(f)
プセットゥ

赤ちゃん
bébé(m)
ベベ

トレンチコート
trench(m)
トゥれンチ

| 思い出 | 1 |

覚えてる?
Tu te souviens?
テュ トゥ スーヴィヤン

久しぶりに友だちに会ったときなど、思い出話に花が咲きます。会話が思い出だけでちょっとがっかりしてしまうこともままありますが……。これは、思い出だけでなく、「爪切りどこにしまった?」なんてシチュエーションでも使用可。
もちろん、「あの日の事を覚えているかい?」と、出会った記念日や、結婚記念日などにロマンチックに使うこともできます。

うん、よく覚えてるよ!
Ouais, je me souviens bien!
ウェ ジュ ム スーヴィヤン ビヤン

思い出せない。
Je me souviens plus.
ジュ ム スーヴィヤン プリュ
(口はへの字、肩をすくめて使用。否定の ne が省略された口語形)

なんとなく思い出せるけど。
Ça me dit quelque chose.
サ ム ディ ケルク ショーズ
(直訳は「それは私に何かを言う」。「そんなこともあった気がする」という意味。「その映画の名前知ってる気がする…」なんてときも)

それ、私とじゃなかったんじゃない?
C'était pas avec moi, non?
セテ パ アヴェック モワ ノン
(「この映画一緒に観たね!」と言われたが全く記憶にないときに)

覚えてる?
Tu te souviens?
テュトゥ スーヴィヤン

[絶対に忘れない?]
私などは「それ覚えてないかも…(自信なし)」と思うか、「まあ、相手の記憶が間違ってると思うけど、別にいいや?」と、話を進めてしまいますが、フランス女性は、ささいなことでも自分の記憶の正しさを主張し続け、最終的に男性が、ハイハイと聞き入れる、という構造によく遭遇します。

助ける 1 🔊 63

待って！手伝うから。
Attends! Je vais t'aider.
アトン　　　　　ジュ　ヴェ　テデ

重い荷物を運ぼうとしている友人に。男性は特に気をきかせて、女性にこう言ってあげると喜ばれます。男女平等を叫びつつも、こういう面ではお姫様扱いされることを大変大切に思っているフランス女性。なので、女性らしさ、セクシーさをいくつになっても失わないように努力しているし、いざとなると（!）可愛くなったりします……。

[パリの人は冷たい？]
初めて住んだトゥールでは、引越しの荷物を運んでいたとき、道行く人みんなが助けてくれ、一方、パリの駅を出てからは、誰ひとりとして足を止めさえせず、違いを大実感。今では、手伝うよ！とパリで誰かが手を伸ばしてきたら、逆に警戒（？）

一緒に行こうか？
Je t'accompagne?
ジュ タコンパーニュ
（家や、メトロの入り口まで「送ろうか？」。または、「その用事一人で平気？ついて行ってあげようか？」という感じで使います）

手伝おうか？
Tu veux un coup de main?
テュ ヴ アン クドゥ マン
（「手 main マン」の代わりに、「足 pied ピエ」を入れてしまうと、「蹴りいれてほしい？」という意味になるので、特に、上司やお姑さんなど、微妙な関係の人にはつい間違えないようにご注意）

助けいる？
T'as besoin d'un coup de patte?
タ ブゾワン ダン クドゥ パットゥ
（「patte」は動物の脚。口語で、人間の手足の代わりにちょっとふざけた感じで使います）

待ってください。手伝います！
Attendez, je vais vous aider!
アトンデ ジュ ヴェ ヴゼデ

お年寄り
personne agé(f)
ペるソン アジェ

| 別れ際 | 1 |

星空 **ciel étoilé**(m) スィエル エトワレ

星 **étoile**(f) エトワール

キスを送ります。
Je t'embrasse.
ジュ　トンブラス

別れ際や、電話を切るとき、メール・手紙の締め、などに使用します。本当にキスを送るかどうか、というよりは、親しい友人、家族などに単なる親愛の意味を込めてこんな風に添えます。
自分が人にこう言われたり、自分の彼が、他の女性にこう言っていたとき、「ナニッ!?」と思ったことがありましたが、過剰反応だったようです…。

[ちょっとあつ苦しい]
フランスでは、家族同士や友人同士で、抱き合ったり、チューチューやっているので、はじめは驚きましたが、日本ほどキスが大きな意味をもたないようです（でも、口同士はやはり特別）。

キス。
Bise.
ビーズ
（ちょっとした友人へのメールの最後や、電話を切るときに）

チュー♪
Bisous.
ビズー
（もともとは幼児語ですが、大人もよく使います。「Bise ビーズ」より、家族や恋人、親しい友人など、もっと近い関係の人に）

大きなチュー!
Gros bisous!
グロ ビズー

チュ～～～～～～～!
Bisouuuuuuuuuuuus!
ビズ―――――
（興奮気味の濃厚なチューを送りたいときは、こんな風に）

エッフェル塔
tour Effel(f)
トゥール エッフェル

ライトアップ
éclairage(m)
エクレラージュ

パリの夜景
Paris la nuit
パリ ラ ニュイ

Part 8
フランス人の
エスプリを楽しむ
Parler au quotidien

自分の意見ははっきり！
フランス人は、
議論も言い訳もお上手？

意見を述べる 1

君の考えに賛成。
Je suis d'accord avec toi.
ジュ スィ ダコーる アヴェック トワ

日本人の私たちから見ると、フランス人は自分の意見をはっきり述べるというのが特徴の一つ。例えば、「私はあなたの言う通りだと思うわ！」と、わざわざ断定します。そして、はっきり自分のポジションを述べた後、「なぜなら〜 parce que 〜 パるスク〜」と、（長々）説明を開始します。普通は論理的な解説が入りますが、なかにはそうでもないゴリ押し論も多く存在します。要は議論に勝てばいいようです……。

[とにかく議論]
「顔のいい男は頭が悪いか？」という主題で「いやいや、僕の経験では…」「そういうこともある、だけど……」と、2時間も続いた議論に出くわしたことが。「そういう人もそうでない人もいるよね！」と、簡単にすませてはいけないようです…。

君の考えに賛成できないなあ。
Je ne suis pas d'accord avec toi.
ジュ ヌ スィ パ ダコーる アヴェックトワ
（こちらも、「なぜなら〜」と、はりきって相手との相違を指摘）

私の考えでは〜
À mon avis 〜
ア モナヴィ
（「これは私の意見です」とさりげなく主張）

私が思うに〜
Je pense que 〜
ジュ ポンス ク
（「〜だ!」と断定しないで、「私はこう思う」という言い方）

個人的には〜
Personnellement 〜
ぺるソネルモン
（「一般的にはダメと言われてるけど、私はいいと思うわ」のように、オリジナリティを主張するときにも）

君の考えに賛成できないな。
Je ne suis pas d'accord avec toi.
ジュ ヌ スィ パ ダコーる アヴェックトワ

うん、でも…。
Oui, mais…
ウィ メ

私の考えでは…
À mon avis…
ア モナヴィ

鳩
pigeon(m)
ピジョン

意見を述べる | 2

最後まで言わせて！
Laisse-moi finir!
レス　　　モワ　　　フィニーる

フランス風議論には必須の表現。こちらが話しているのに、間から誰も彼もが口をはさむので、よっぽど意思が強いか、声が大きいかでなければ、最後まで聞いてもらえません……。でも一応、人の話を最後まで聞かないのは失礼とされているので、この一言で相手を撃退できます。誰も聞いてないのに、一人で話し続ける人もいますが……。

[まだ終わっていないヨ!!]
一度、相手に発言を奪われてしまっても、顔中の筋肉を使って、「反対だ！」と渋い顔をしたり、小馬鹿にしたような目をしたり、イヤイヤと顔を横に振る、肩をすくめる、など、無言の反論を続けます。

君は？ どう思うの？
Et toi? Qu'est-ce que t'en penses?
エトワ ケス クトン ポンス
(ときには相手の意見を聞こうとイニシアティブをとる人も。自分の意見は聞いてもらえているという余裕の証)

うん、でも……
Oui, mais…
ウィ メ
(フランス人お得意の返事。「そうかな、だけど…」と、続きがあってもなくても、とりあえず)

ちがうよ！
Mais, non!
メ ノン
(面と向かって、反対意見を唱えます。が、熱く言い合っても、その後は感情のしこりを残さないのもフランス的)

議論
discussion(f)
デスキュースィオン

テラス
terrasse(f)
テらス

違うわよ！
Mais non!
メ ノン

最後まで言わせて。
Laisse-moi finir.
レス モワ フィニーる

確信する | 1 🔊 65

Part 8　フランス人のエスプリを楽しむ

それは確かだよ。
C'est sûr.
セ　　スィューる

間違っていても、自信満々に答えることができるのがフランス人。自信のなさは弱さの表れだから？堂々と断定した後、「あれ、やっぱ間違いだった？」となっても、「あ、違ったか！Autant pour moi! オートン プーる モワ」と、しらっと言います。

[jamais 三段論法？]
遅刻しないでよ！なんて言われたときに、「Moi? En retard? Jamais! モワ オン るたーる ジャメ →オレ？遅刻？ありえない！」と、自信満々に返答。真実でないなら冗談で。いつも短パン姿の友人について、「Lui? Froid? jamais! リュイ フロワ ジャメ →アイツ？寒い？絶対ない〜！」のように応用可。

もちろんだよ。
Bien sûr.
ビヤン スィューる
(「トイレ借りていい？」「もちろんだよ！」なんて文脈でも使用可)

絶対ない！
Jamais!
ジャメ
(「彼と付き合うことは？」の返答に使用したりします)

そうだと思ってた！
J'en étais sûr!
ジョネテ スィューる
(事が済んだ後での定型句。「なら、先に言ってよ！」と言いたくなります)

フィリップは？
Et Philippe?
エ フィリップ

絶対ない！
Jamais!
ジャメ

タートルネック
pull à col roulé (m)
ピュラ コル るレ

カーディガン
gilet (m)
ジレ

| 落胆する | 1 |

そんなはずないよ！
C'est pas possible!
セ　パ　ポッスィーブル

家でずっと待っていたのに、来るはずの荷物が届かなかった。問い合わせると、「郵便局に戻りました。取りに来てください。誰も家にいなかったでしょ」なんて言われることが。こんなときは、熱くこう一言（←パリではよくある話）。または、洗濯機が壊れてしまった……、水漏れした……、なんてときに、落胆しながらため息をついて（←これもよくある話）。

[なんて繊細な？郵便事情…]
日本からの小包を首を長くして待っていたとき、家で待機しながら、配達状況をサイトでチェックしていたら、「もうすぐ着く」から直接、「不在のため郵便局送り」の表示に。さらに、怒りを隠して郵便局へ出向いたが荷物がない！帰ってもう一度サイトをチェックすると「どうしたらよいのか思案中」の表示…。考えている暇があったら、持ってきてください。

信じられない。
J'y crois pas.
ジ クロワ パ
（家の前で鍵がない！なんてときに肩を落として。または「アメリとニノって付き合ってるんだって〜！」なんて噂話のときに）

できない。
Je n'y arrive pas.
ジュ ニ アリーヴ パ
（直訳は「そこには到達できない〜！」といった感じ。何度試しても直せない！など、「もう、だめだ〜」と情けなく）

彼にはできないと思うよ。
Il n'y arrivera pas.
イル ニ アリーヴら パ
（肩をすくめて、やや尊大な感じで）

言うのは簡単だよ！
(C'est) Facile à dire!
（セ）ファスィール ア ディール
（正論だけど勝手なことを言っている人にこう一言）

洗濯洗剤
lessive(f)
レスィヴ

洗濯機
machine à laver(f)
マシナ ラヴェ

水漏れ
fuite(f)
フュイットゥ

ありえない！
C'est pas possible!
セ パ ポスィーブル

洗濯物
lessive(f)
レスィヴ

話を切り出す | 1 🔊 66

ちょっと話せるかな？
Je peux te parler?
ジュ プ トゥ パルレ

フランス流コミュニケーションでは、ジェスチャーや抱擁なども重要ですが、きちんと言葉に出して、話し合うことも大切です。なので、「ちょっと改まって話しできる？」と、相手を誘ってきっちりケリをつけます。または会社などで用事を頼みたいときにも。「ちょっと時間ある？ T'as une seconde? タ ユヌ スゴンドゥ」なんて言い方もあります。

今、迷惑？
Je te dérange?
ジュ トゥ デロンジュ

話したいことがあるんだけど。
J'ai quelque chose à te dire.
ジェ ケルクショーズ ア トゥ ディーる
(こう改めて言われると、「いいこと？ 悪いこと!?」とドキッとします)

ねえ……
Tu sais, …
テュ セ
(直訳は「知ってる？」ですが、単に話の前につけて、注意を喚起)

うん、（君の話）聞いてるよ。
Oui, je t'écoute.
ウィ ジュ テクートゥ
(「話せるかな？」と聞かれたら、「どうぞ、話していいよ」という返答に。もじもじしてる人にも、「いったい何？」という感じで話を促します)

[日本語とフランス語混ぜないで〜 !!]
うちの子が4、5歳の頃。よく「Tu sais,…」で、会話をはじめていました。単に、「ねえ」と、いう程度の意味なのですが、日本語にいちいち訳して、「知ってる？」と話しかけてくることが…。普段は、「「ねえ」でいいんだよ」と注意しますが、あまりにしつこいと「何を？知らないよ？」と、ちょっと意地悪ママに…。

え？
Pardon?
パルドン

お邪魔じゃないですか？
Je ne vous dérange pas?
ジュ ヌ ヴ デロンジュ パ

ゴミ箱
poubelle(f)
プーベル

読書
lecture(f)
レクテューる

芝生
pelouse(f)
プルーズ

Part 8 フランス人のエスプリを楽しむ

話を切り上げる　1

そうなのよ〜。
Ben, voilà.
バン　　　ヴォワラ

「というわけなのよ〜」と会話を終わらせたいときに。電話の切り時などを、暗に提示します。が、鈍い人は気付かない（または、気づいていても、話し続けたい人は無視する）ので、何度も繰り返す羽目になることも。夫が電話をしているときに、これを繰り返していると、「あ、○○と電話しているんだわ」とわかります。

[ボンバン〜！バ〜！]
「ben バン」は、「bien ビヤン」が口語的にカジュアルに（？）変化したもの。「それじゃ〜 Bon, ben, …ボン バン」のように使用したり、「えっと〜 Ben …バ〜」のような感じで、適宜会話に挟みこみます。なんだかとても気になる言い方だったので、フランスに来たばかりのころ、日本人の友達と、バーン！と言いながら肩をすくめたりして、フランス人ごっこをしました。

さて。
Bon.
ボン
（会話が終わって、静けさがふっとやってきたときなどに、こう次のステップに進む雰囲気を作ります）

あれ、もうこんな時間！
Oh là, il est tard!
オ ラ イル　ターる
（「今、気付いたよ！早く行かなきゃ！」と、焦った感じの演技力も必要）

もう、行かなきゃ。
Il faut que j'y aille.
イル フォ ク ジ アイュ
（こう言いつつ、腕時計を見るようなジェスチャーをしたりします）

ほらほら！
Allez, allez!
アレ　アレ
（「帰ろう」となってからも、ずるずると話し込んでいる連れに）

公園
jardin(m)
ジャるダン

ベンチ
banc(m)
ボン

花
fleur(f)
フルーる

あれ、もうこんな時間！
Oh, là, il est tard!
オ ラ イル　ターる

行かなきゃ。
Il faut que j'y aille.
イル フォ ク ジ アイュ

Part 8 フランス人のエスプリを楽しむ

言い訳する 1 🔊 67

え？ そう？
Ah bon?
ア　ボン

フランス人のエスプリを理解するのに重要なのが、言い訳。「私は悪くない」とちゃんと主張しないと、いつの間にか自分が不利な立場に立たされてしまいます……。言い訳は、まずは、とぼけるところから。自分の立場がまずい場面に遭遇したら、演技力を発揮して、「知らなかった！」「驚いた！」というリアクションをします。なかには白々しいとぼけもたくさんありますが、白々しい人通し、仲良くやっているようです……。

それ本当？
C'est vrai ça?
セ ヴレ サ
（知ってたけど、知らないふり……）

どうしてだかわからないけど。
Je ne sais pas pourquoi.
ジュ ヌ セ パ プるコワ
（配達が来ないので、お店に電話したら、「そんなはずは…。なんででしょうね？」と、責任転換しつつとぼけられます。頼まれたことができなかったときに、「さあ、なんででしょう？」と、肩をすくめてぜひ使用してみて下さい）

時間見てなかったよ……。
J'ai pas vu l'heure…
ジェ パ ヴュ ルーる
（遅刻したときに。だけど、「見ないのが悪いのでは？ 謝ればいいのに……」と思ってしまいます）

[日仏の狭間で？ パリに暮らす私の知恵…？]
日本人にはすぐに謝る、フランス人にはぐだぐだ言い訳する。まるで２つの人格があるようです…。

何があったの？
Qu'est-ce qui s'est passé?
ケ ス キ セ パ セ

時間見てなかったよ。
J'ai pas vu l'heure.
ジェ パ ヴュ ルーる

時計
horloge(f)
オるロージュ

待ち合わせ
rendez-vous(m)
ろンデヴ

| 言い訳する | 2 |

私のせいじゃない。
C'est pas (de) ma faute.
セ パ (ドゥ) マ フォットゥ

フランス人は、自分が悪くても、とりあえず言い訳します。潔くあやまるというのは、彼らのDNAには存在しないので、こんなふうに言われても、「出た出た!」と、腹を立てないのが生活の知恵……。一方、これが自然に出てくるようになったら、あなたのフランス人化もほぼ完成かも。

[それもあり!?]
いろいろフランス人の言い訳を聞いてきましたが、意味不明なものもたくさんありました。初めての言い訳体験で衝撃を受けたのは、飛行機のなかで知り合い、「一緒に映画を観よう!」と、向こうがのり気で私を誘ったフランス人女性。「いいけど」と、その場に行きましたが来ない。携帯のない時代でしたので、そのまま1人で観てから帰宅。後日、ゴメン!の代わりに、「ストッキングが見つからなくてね。残念だったわ!」と言われました。そ、そうくるとは予想外。

わざとやったんじゃない!
J'ai pas fait exprès!
ジェ パ フェ エクスプれ
(「わざとでなければ、謝らなくていいの?」と毎回思いますが、これで許されている子どもを見ると、こうやって代々伝わるのね、と思います)

知らなかった……。
Je ne savais pas...
ジュ ヌ サヴェ パ
(知らなかったのなら、しょうがない?)

私は関与してないし!
Je n'y suis pour rien!
ジュ ニ スィ プーる リヤン
(お店などにクレーム・文句を言ったときに、こう言われます。確かに分業制であなた自身のせいではないかもしれないけど……)

めんどうだから。
J'ai la flemme.
ジェ ラ フレムム
(「できません!なぜならめんどうだから」。これが言い訳になるところもラテンの国?)

気を付けて!
Fais attention!
フェ アトンスィオン

わざとやったんじゃない!
J'ai pas fait exprès!
ジェ パ フェ エクスプれ

グラス
verre(m)
ヴェーる

水
eau(f)
オー

待って!
Attends!
アトン

どんどん先に歩いて行ってしまう人に。または、話の途中で、「あれ、思い出せない。ちょっと待って！」のような文脈で。会話中、気になることを言われた。「ちょっと待って！それってどういう意味？」と責めるようにも使用できます。ちょっとふに落ちないことがあったら、考え深げな顔をしながら、「待てよ…」とモノローグ風に。お店の人など、きさくに話したくても、vousで話す相手には、「attendez! アトンデ」。

[お願いを丁寧に]
よく使用される命令形。お願いするときは、この後に「s'il vous plaît. スィルヴプレ」「s'il te plaît. スィルトゥプレ」をつけると、やや丁寧になります。「Regarde-moi ça」の「moi」は、「私を見よ」ではなく「私のために」といったニュアンス。

急いで!
Dépêche-toi!
デペシュトワ
(親が、これでもかと言うほど、子どもに言う台詞ナンバーワン。夫が奥さんに言うことも)

そこをどいて!
Pousse-toi!
プストワ

見せて!
Fais voir!
フェ ヴォワーる
(面白そうなものを見ている人に、「私にも！」と)

ちょっとこれ見てよ～!
Regarde-moi ça!
るギャるドゥ モワ サ
(「ちょっと自分が何をしたか見てごらん！」と散らかし放題の部屋や、床の食べこぼしを指したりします)

待って!
Attends!
アトン

急いで!
Dépêche-toi!
デペシュトワ

化粧品
produits de beauté(m)
プろデュイドゥ ボーテ

化粧
maquillage(m)
マキヤージュ

嘆く | 1

今、大変なの!
Je suis dans la merde!
ジュ　スィ　ドン　ラ　メるドゥ

直訳は、「私はクソ（merde メるドゥ）に浸かっていて、どうにもならない……」。あまり想像したくない、公式?には言ってはいけない砕けた表現。相手を選んで使用します。突然そんなに親しくもない近所の人、お姑さんなどに使うと驚かれます。ため息をつきながらこう言って、「どうしたの？」と聞いてもらい、その後、お願いごとにつなげるための前振りにも。

[嘆きの嘆き？]
フランス人に限りませんが、常に文句ばかりの人はいるもの。嘆くから悪いことが寄ってくるのでは？とつい言いたくなることも。夏の屋外で、アブがうざい…、と絶え間なく嘆いていた人が、暑い！やってられない〜！と服をめくった瞬間、アブがおヘソにとまったのには、周りの空気が固まりました〜。

困ってるの！
Je suis bien embêté(e)！
ジュ スィ ビヤン オンベテ
（ちょっと上品に言いたい場合はこちら）

どうしたらいいかわからない……。
Je ne sais pas quoi faire...
ジュ ヌ セ パ コワ フェーる
（相手にすがるように嘆いて、徐々にお願いに近づきます）

もうだめ！
J'en peux plus！
ジョン プ プリュ
（「こんな退屈な生活、耐えられない！」「こんな忙しい生活、耐えられない！」。どちらにも使用できます）

落ち込んでるの。
Je suis déprimé(e).
ジュ スィ デプリメ
（「何かに失敗した」などの落ち込みから、なんでだかわからない倦怠感まで。「鬱」という意味でも使用されることも）

インターネット
internet(m)
アンテるネットゥ

メール
mail(m)
メイル

資料
document(m)
ドキュモン

もうダメ！
Je n'en peux plus！
ジュ ノン プ プリュ

デスクチェア
chaise de bureau(f)
シェーズ ドゥ ビュロー

[『merde には注意！』]
merde（クソ）が入った表現など砕けた言い回しは、よく使われていますし、使うとフランス人っぽさがアップするのですが、フランス語初心者などが突然使用すると、聞いている人のショックが大きいらしいので、使用には注意が必要です。

| 理解する | 1 | 🔊 69 |

（君の気持）わかるよ〜。
Je te comprends.
ジュ　トゥ　コンプロン

もともとパリジャンには、何かにつけて文句を言っている人が多い気がしますが、生活のなかに文句を言いたくなることがあふれていることも確か。店員の態度が悪くてとてもムカついた、家の工事は決して思うように進まない、いわれのない請求書が送られてくる、約束の時間に人が来ない、謝らない！などなど。愚痴でも言わないとやってられません。そんなときにこんな感じで「わかるよ〜」と同情します。

［でも、能天気な同情に腹が立ったら…］
「いや、君にはわからない！ Non! Tu peux pas comprendre! ノン テュ プ パ コンプロンドる」。

言っていることはわかるよ。
Je comprends ce que tu dis.
ジュ コンプロン ス ク テュ ディ
（内容に同情するかはともかく、「言っていることはわかるよ」という意味。「私の言ってることわかってくれる!?」とヒステリックに問い詰められたときの返答にも）

君が正しい！
T'as raison!
タ れゾン

私でも同じようにしたよ。
J'aurais fait pareil.
ジョれ フェ パれイユ
（私があなたの立場だったとしても、「同じようにした」という理解のある一言）

わかるよ。
Je te comprends.
ジュトゥ コンプロン

とても、辛いです。
C'est très difficile.
セトれ ディフィスィール

社長
président-directeur général (m)
プれジドン ディれクトゥーる ジェネラル

上司
supérieur (m)
スィューペりウーる

従業員
employé(e) (m·f)
オンプロワイエ

| 励ます | 1 |

がんばって!
Bon courage!
ボン　　　クらージュ

なんとなく、日本ほど「がんばって!」と言われることは少ない気がします（それほどみんながんばらないから?）。「この後も続けてがんばって! Bonne continuation! ボヌ コンティニュアスィオン」なんて言い方もします。また、試験前の人には、この「がんばって!」は、縁起が悪いので、言ってはいけないことになっています。代わりに、「くそ! Merde! メるドゥ」と言ってあげます（←うそみたいですが、本当の話）。

[アレアレ?]
「allez アレ」は、スポーツの応援に限らず、「ほらほら Allez, allez! アレアレ」と「行って!」「進んで!」などの前につけ、行動を喚起したりもできます。

行け〜!
Allez!
アレー
(掛け声の定型。かけっこの応援、サッカー観戦の叫び、相撲の掛け声（?）に至るまで使用可)

行きなよ!
Vas-y!
ヴァズィ
(「どうしよう…」と、躊躇している友人の背中を、こう言いながら押してあげましょう)

しっかりね!
Tiens-toi bien!
ティヤントワ ビヤン

ほとんどできてるよ!
Tu y es presque!
テュ イ エ プれスク
(「だから、あきらめないで!」と応援してあげます)

玩具
jouet(m)
ジュエ

パズル
puzzle(m)
ピュズル

ほとんどできてるよ!
Vous y êtes presque!
ヴズィ エットゥ プれスク

がんばれっ!
Allez!
アレ

なだめの言葉 | 1

落ち着いて!
Calme-toi!
キャルム　　　　　トワ

運転中、失礼な態度で追い抜いてゆく車に頭にきて、ケンカ腰にスピードアップした彼をこうなだめます。または、理由はいまいちはっきりしないのだけれど、いつまでもぷりぷり怒っている彼女にこう一言（←そして、余計にキレられる）。

[車に乗ると人が変わる？]
パリジャン・パリジェンヌとも、車に乗ると人が変わるといわれています。突然荒々しくなり、ちょっと失礼な車があると、手をあげて罵倒したり、中指を立てたりして抗議します。これはさすがに珍しいと思いますが、ある日、高速道路で荒々しく動き回って危ない車があったので、クラクションを鳴らしたら、突然、相手は物干し竿を取り出し、運転しながらこちらの車をたたきはじめました。え〜!? 助手席では、向こうの奥さんがまさに、「落ち着いて〜！」と言っているようでしたが……。

心を静めて。
Reste zen.
れ ストゥ ゼンヌ
（直訳は「禅でいて」。すっかりフランス語に浸透している日本語「禅」。「心静かに落ち着いて」という意味で使用されています）

リラックスして……
Relaxe...
る ラックス
（おなじみ「リラックス」ですが、フランス語の発音はこんな風）

大したことないよ!
C'est pas grave!
セ パ グラーヴ
（普通は、人が失敗したときなどにこう言ってあげますが、人のものを壊しておいてこんな風に言う勘違いな人もいます）

心配しないで!
Ne t'inquiète pas!
ヌ タンキエットゥ パ

オープンカー
voiture décapotable (f)
ヴォワテュール デキャポターブル

サングラス
lunettes de soleil (f)
リュネットゥ ドゥ ソレイユ

屋根
toit (m)
トワ

落ち着いて!
Calme-toi!
キャルム トワ

追い抜かれた!
Il m'a doublé!
イル マ ドゥブレ

[フランス語の日本語]
zen の他にも、フランス語に溶け込んでいる日本語はたくさんあります。「judo ジュードー（柔道）」「karaté キャラテ（空手）」などの武術をはじめ、「tofu トフ（豆腐）」「sushi スュシ（寿司）」「sashimi サシミ（刺身）」などの食べ物、「manga モンギャ（漫画）」「pokémon ポケモン（ポケモン）」などなど。

なだめの言葉 | 2

放っておきなよ。
Laisse tomber.
レス　　　　　トンベ

いつまでも、すんでしまったことにくよくよしている人に、「気にしないようにしなよ」と一言。または、どうもうまくいかない彼との関係で悩んでいる人に、「いいかげんにやめなよ、そんな人」という感じで。上司への愚痴が止まらなくて、聞いている方が退屈しちゃったな〜、なんてときにも、「もういい加減にして！」という気持ちを込めて、こう一言。

[やはり人間？]
何かと攻撃的なフランス人ですが、争いの後、「やっぱ私が悪かったかな」と謝ると、案外、「そんなこともあるよ」と優しく変身したりします。

大丈夫だよ。
Ça va aller.
サ ヴァ アレ
(「なんとかなるから」と励まします。言ってもらえると、意外と気が楽になる一言。肩に手を置いてあたたかく)

そんなこともあるよ。
Ça arrive.
サ アリーヴ
(「そんなに珍しいことじゃないんだから、気にしないで」という感じで)

それが人生さ!
C'est la vie!
セ ラ ヴィ
(何かと予定通りに進まない〜！イライラしてしまったときに、こうつぶやいて、明るさを取り戻します)

大丈夫よ。
Ça va aller.
サ ヴァ アレ

ウソだろ〜。
C'est pas vrai...
セ パ ヴレ

煙
fumée(f)
フュメ

フロントガラス
pare-brise(m)
パルブリーズ

事故
accident(m)
アクスィドン

保険
assurance(f)
アシュロンス

静かにして! 1 🔊 71

そんなに大きな声で話さないで。
Ne parle pas si fort, s'il te plaît.
ヌ　　パルル　　パ　　スィ　フォーる　　スィル　トゥ　プレ

単にうるさいと迷惑だから、「静かに話してよ」と言うときにも使えますが、興奮してきて、声が大きくなってしまった人に、「そんな風にしゃべらないで！こわいから）」みたいな感じにも。

[フランス式発声法？]
子どもはどうして、あんなに大きな声で話すのでしょうか？どうやら、パリの幼稚園や学校では、大きな声で話さないと誰も聞いてくれない。さあ、一人ひとり順番に〜！なんてこともないようで、結局、主張も声の大きさから、となるようです…。

シーッ！
Chut!
シュットゥ
（映画館で大声で話すと、こんな風に近くの人に言われます）

静かに！
Silence!
スィロンス
（大人数を静めたいときに。先生が教室でこんな風に叫びます）

耳が壊れるよ。
Tu nous casses les oreilles.
テュ　ヌ　キャス　レゾれイユ
（子どもが大声で叫んだときによく言われる言葉）

赤ちゃんが寝てるんだけど！
Il y a un bébé qui dort!
イリヤ　アン　ベベ　キ ドーる
（ちょっとヒステリックなママ風。赤ちゃんをだしに、騒いでいる隣人を静めることもできます）

耳が壊れるよ！
Tu nous casses les oreilles!
テュ ヌ キャス レゾれイユ

[声は大きくない？]
フランス人はたくさん話すわりには、声はそんなに大きくないかもしれません。アメリカ人などは大きな声で話すので、パリのカフェなどでも目立ちます。すると、陰で「Il parle fort... イル パルル フォーる（大きな声で話すね＝うるさいなあ）」とヒソヒソ。

| ほっておいて! | 1 |

ほっておいて!
Laisse-moi tranquille!
レス　　　　モワ　　　　トロンキール

ありがた迷惑なアドバイスをくれる人に、最終的にはキレて、こんな風に叫びます。まとわりつく子どもに、疲れたご両親がこんな風に言うことも。または、悪意のなさそうな酔っ払いにからまれたときにもこう言って、きっぱりと態度で示します（←たちが悪そうな場合は、何も言わずに逃げます）。

[赤ちゃんと一緒の時にはご注意…]
基本的に他人のことには構わないフランス人。でも、赤ちゃんがいると、急にみなさんおせっかいに！「靴下がないよ〜」（知ってます。自分で脱ぐので）、「薄着でかわいそう」（汗かいてたから、一枚脱がしたとこです）、「窒息しない？」（させる訳ないし！）など知らない人と話すチャンスが増えます…。

自分でやるから。
Je m'en occupe.
ジュ モノキュップ
（すぐに人のことに手を突っ込んでくる人に）

あなたに関係ないでしょ!
Ça ne te regarde pas!
サ ヌ トゥ るギャるドゥ パ

ほっといてよ!
Fiche-moi la paix!
フィッシュ モワ ラ ペ

もう充分だ!
Ça suffit, maintenant!
サ シュフィ マントゥノン
（奥さんが他の男性と仲よく話している、楽しそうに踊っている……。でもちょっと長すぎないか？と、割って入る夫のセリフ）

マドモアゼル、ちょっと時間ない？
Mademoiselle, vous avez le temps?
マドゥモワゼル ヴザヴェ ルトン

放っておいて!
Laissez-moi tranquille!
レセ モワ トロンキル

[放っておいて!]
「Ce ne sont pas tes oignons. ス ヌ ソン パ テゾョン（それはあなたの玉ねぎではない＝あなたに関係ない！＝放っておいて!)」なんて表現もあります。

タイツ
collant(m)
コロン

無関心な言葉　1

それで？
Et alors?
エ　アローる

ミッテラン元大統領に隠し子がいる! と話題になったときに、元大統領本人やフランス人たちが言ったといわれる、「だからどうした？ Et alors? エ アローる」。つまらないことを熱く語っている人に、冷めた返答をしたいときに。以前、シラク元大統領のバカンス先でのヌード写真が話題になったことがありましたが、周りのフランス人はやはりみな「Et alors?」。

[公務と私生活は別]
政治家、芸能人など、私生活では何をしようが、ちゃんと仕事をしていれば特に気にしない、というフランス人。それでも、それを楽しむかどうかは話が別。ゴシップ雑誌などは人知れずチェック済みで、いざとなると、「え？もう○○と別れたの？」とか、「やっぱりね～。彼の性格からすると…云々」など、もっともらしく繰り広げられます。

どっちでもいいよ。
Ça m'est égal.
サ メテギャル
(「プレゼント、この指輪とこの指輪とどっちがいい?」なんて言われたときに、こう言うと、「どうでもいいんだけど」という意味になります)

どうでもいい！
Je m'en fiche!
ジュ モン フィッシュ
(同じ意味でのスラングは、「Je m'en fous. ジュ モン フー」)

なんて言ってほしいのよ？
Qu'est-ce que tu veux que je te dise?
ケス ク テュ ヴ ク ジュ テゥ ディーズ
(どうでもいい愚痴や、なんとも言えないことへの返答を催促されたら)

お好きなように。
Comme tu veux.
コム テュ ヴ
(相手の意見を尊重しているときにも使えますが、基本的に「自分はどうでもいいので、相手が決めればいい」と思ったときに)

それで？
Et alors?
エ アローる

ウエイトレス
serveuse(f)
セルヴーズ

生ビール
pression(f)
プレッスィオン

…というわけさ
Ben, voilà
バン ヴォワラ

[話が長い人]
話が長い人は、人の反応も気にせず、途切れなく話し、無関心の相づちや話題転換を挟む暇さえ与えないテクニックを持っています。

Part 8　フランス人のエスプリを楽しむ

| よくないものの表現 | 1 |

嫌な感じ！
C'est dégoûtant!
セ　　　　デグトン

「汚い！」なんてときにも使用可。または、「あのやり方は汚いよ！」なんてときにもどうぞ。同じような意味で、「C'est dégueulasse. セ デギュラス」なんて言い方もあり、よく使われますが、砕け過ぎ・下品な言い方なのでご注意。一般には dégoûtant が推奨（？）されていて、子どもがいるところでは、一応こちらの方を使用するのが大人のフランス人。

[私は映画の主人公ではない…]
ゴダールの映画『勝手にしやがれ』の最後で、「Qu'est-ce que c'est 'DEGUEULASSE'？デギュラスってどういう意味？」と主人公のアメリカ女性がつぶやきます。それが印象強く、普段使いしていたら、ある日年配の方との歓談のあと「彼ら、ビックリしてたよ」と後でたしなめられました…。

[砕けた言葉を使うとき]
砕けた言葉を使うと、よりフランス語っぽくなるのですが、外国語だと直接心に響かない分、思いの外きつい言い方、下品な言い方が簡単に使えてしまうので、ちょっと注意が必要です。

彼女、嫌な感じ。
Elle est pas sympa.
エレ パ サンパ
(手っ取り早く、気に入らないときは、「サンパ（感じがよい sympa）ではない」と言います)

彼、意地悪だよね。
Il est méchant.
イレ メション
(子どもにもよく使います)

彼、重たいよ！
Il est lourd!
イレ ルーる
(体重ではなく、しつこかったり、相手を疲れさせる人に使います)

彼女、変だよね。
Elle est bizarre.
エレ ビザーる
(「変な人だね」でも使いますが、「今日の彼女変だね」みたいな感じでも)

優しくないな。
Elle est pas sympa.
エレ パ サンパ

彼、変だよ。
Il est bizarre.
イレ ビザーる

人の特徴 1 🔊 73

あの背の低い黒髪の女性。
C'est la petite brune.
セ ラ プティットゥ ブりゅヌ

日本にも、金髪の人などいなくはないですが、フランスでは、彼らの身体の特徴はもっとバラエティーに富んでいます。背の高さ、髭、眼鏡、筋肉でがっちりしているか、などはもちろん、髪の色、肌の色、人種などを説明して、「あ～、あの人ね。」なんて、噂話をします。

[日本人？中国人？]
日本人は、「日本人 Japonais(e) ジャポネ（ーズ）」と言われることも多いですが、「そのアジア人 cet Asiatique セタズィアティック」、もしくは「あの中国女さ la Chinoise ラ シノワーズ」と言われることも（アジア人は中国人と言われることが多い）。

その髭の人だよ。
C'est le barbu.
セ ル バるビュ
（サンタさんなど）

それはあの大きな金髪の人。
C'est le grand blond.
セ ル グろン ブロン
（必ずしも当てはまりませんが、北の人を彷彿とさせる特徴）

それはそのご年配のムッシュー。
C'est le monsieur âgé.
セ ル ムスィユー アジェ
（「年寄り le vieux ル ヴュー」と言うより、「年を取った agé(e) アジェ」は丁寧な言い方）

その太めのご婦人。
C'est la dame ronde.
セ ラ ダム ロンドゥ
（「デブ la grosse ラ ぐろス」より、失礼さが軽くなる言い方）

Part 8　フランス人のエスプリを楽しむ

背が低く、髪が長く、
濃茶色、にこやか
petite, cheveux longs,
プティットゥ シュヴ ロン
brune souriante
ブりゅンヌ スーりオントゥ

ヒゲ、グレーの髪、
そんなに背は高くなく
barbu cheveux gris,
バるビュ シュヴ グり
pas très grand
パ トれ グろン

背は高く、金髪で、青い目
grand, blond,
グろン ブロン
avec les yeux bleus
アヴェック レズィユー ブル

年配、白髪、ちょっと太め
âgée, cheveux blancs,
アジェ シュヴ ブロン
un peu ronde
アン プ ロンドゥ

| 人の特徴 | 2 |

彼は、恥ずかしがり屋。
Il est timide.
イレ　　　　　　ティミッドゥ

子どもが挨拶をしなかったときに、すぐにこう断定されます。自分が怖そうだから、とか、変な人に見えるから、といった考察はないようです。もちろんフランスにも言葉数が少ない人はいますが、こんな風にひとくくりに。また、大人でもちゃんと挨拶をしない人は、変な人、おかしい人（Il est bizarre. イレ ビザーる→彼は変。Elle est folle. エレ フォール→彼女はおかしい）などと陰で言われます。お店などでも、「あの〜」といきなり用件を切り出さずに、とりあえず、「こんにちは！ Bonjour! ボンジューる」を。

[どんな人？]
「あの人は、〜な人だね」とその人がいないときに、勝手に断定するのが好きなフランス人。初めて会った人と別れたら、「彼はいい人ね」「彼女、ちょっと変わってる」などと、即座に評価がつけられます。

彼はいい人。
Il est sympa.
イレ　サンパ
（最もよく使われ、最も無難な評価。とりたててよいところが見つからないときにも使用されます）

彼女はよくしゃべるね。
Elle parle beaucoup.
エル　パるル　ボークー
（おしゃべりにちょっと閉口してしまったときなどに）

彼、無口だね。
Il parle pas beaucoup, hein?
イル　パるル　パ　ボークー　アン
（話があまりはずまなかったときに。原因は相手にあるらしい）

彼は面白い。
Il est marrant.
イレ　マラン
（笑わせることが上手な人に。彼の話が面白いのか、彼自身がボケていて面白いのか、両方可）

赤毛、7、8歳、ちょっと内気
roux, 7. 8ans,
るー　セッツ　ユイットン
un peu timide
アン プ ティミッドゥ

赤毛、短髪、おしゃべり
rousse, cheveux courts,
るス シュヴ クーる
parle beaucoup.
パるル ボークー

髪は栗色、眼鏡
chatain, qui porte
シャタン キ ポるトゥ
des lunettes
デ リュネット

Part 9

恋愛を楽しむ
Tombez amoureux!

パリはまさに愛の街――。
豊かな愛の言葉が
幸せな日々を演出している

恋に落ちて… 1

彼、カッコよすぎる。
Il est trop beau.
イレ　トろ　ボー

うっとりと使います。「beau ボー」は、「美しい」という意味で、人や物によく使用。女性だったら、「彼女は美しすぎる Elle est trop belle. エレ トロ ベル」。一般に、セクシーな女性がよいとされているフランスでは、「かわいい mignon ミニョン」というのは、ほめ言葉にはならず、「子どもじゃないよ！」と反感をかいます。「trop」は元々「～すぎる」の意味ですが、砕けた言い方で、「très（とても）」の代わりのように使われます。「C'est trop bon ～！（美味しすぎ～！）」のように。連発するとやや子供っぽい感じにも。

[いい身体？]
「Elle est bonne. エレ ボンヌ」と言うと、「彼女はいい人」ではなく、「いい身体してるね！」という意味。彼女のご両親の前などでの使用はご注意……。

（彼の）目が大好き♪
J'adore ses yeux.
ジャドーる セズュー
（「目 yeux」の代わりに、「指 doigts ドワ」「唇 lèvres レーブる」「髪 cheuveux シュヴ」などをお好みで）

私は恋に落ちた。
Je suis tombée amoureuse.
ジュ スィトンベ アムるーズ
（女性の場合。男性だったら、「Je suis tombé amoureux.」）

彼のことが頭から離れない。
Je n'arrête pas de penser à lui.
ジュ ナれットゥ パドゥ ポンセ ア リュイ

食欲ないの……。
Je mange plus…
ジュ モンジュ プリュ
（心がいっぱいで食がすすまない（痩せる？）、恋の症状）

へえ、ホントに恋してるんだ…
Eh ben, t'es vraiment amoureuse…
エ バン テ ヴれモン アムるーズ

彼のことが頭から離れないの。
Je n'arrête pas de penser à lui.
ジュ ナれットゥ パドゥ ポンセ アリュイ

シマ模様の
à rayures
ア れイユーる

ティーポット
théière(f)
テイエーる

チェック柄の
à carreaux
ア キャろー

付き合う？ | 1

（私の）彼と一緒に行くね。
Je viens avec mon copain
ジュ　ヴィヤン　　　アヴェック　　モン　　　コパン

恋人が女性だったら、「ma copine マコピンヌ」。「copain コパン／copine コピンヌ」は、「友達」という意味の砕けた言い方。若い人同士や、気さくに話したいときに使用します。「私の」と所有を表す「mon（モン）／ma（マ）」をつけるとたちまち付き合っている相手になります。「私の（普通の）友達」であることをはっきり示したい場合は、「Un copain à moi. アン コパン ア モワ」でOK。

[「アミ」は丁寧な言い方]
ちょっと丁寧に話したい場合は、「copain」の代わりに「ami アミ」を使用します。「私の彼 mon ami モナミ」「私の彼女 mon amie モナミ」「女性の友人 une amie ユナミ」など。

私（僕）と付き合わない？
Tu veux sortir avec moi?
テュ ヴ ソルティーる アヴェック モワ
（「sortir ソルティー」は単に「出かける」という意味もありますが、文脈によっては「付き合う」という意味に）

今、付き合っている人いる？
Tu vois quelqu'un en ce moment?
テュ ヴォワ ケルキャン オン ス モモン
（「voir ヴォワーる」も単に「会う」という意味ですが、こんな風に聞くと「付き合っている」という意味になります）

彼と付き合っているの。
Je suis avec lui.
ジュ スィザヴェック リュイ

彼、結婚してるの？
Il est marié?
イレ マリエ

今、付き合ってる人いる？
Tu es avec quelqu'un en ce moment?
テュ エ アヴェック ケルキャン オン ス モモン

いないけど。
Non, avec personne.
ノン アヴェック ぺるソンヌ

一緒にいたい！ 1

（君がいなくて）寂しい（恋しい）。
Tu me manques.
テュ　ム　モンク

直訳は「あなたが私に足りない！」。長い間会えなかったりするときはもちろん、一日会えなかったときやちょっと離れているときにこのようにメッセージを。またはまだ一緒にいるのに、「これから離れることを考えると、もう寂しい」なんてときに、「もう寂しいよ！ Tu me manques déjà. テュ ム モンク デジャ」なんて使い方も！

[送って、その後？]
デートの後は、「送ってゆくよ。Je t'accompagne. ジュ タコンパーニュ」がいい流れ。ちょっと気が利かない、または恥ずかしがり？ な人には、「送ってくれる？ Tu m'accompagnes? テュ マコンパーニュ」とさり気なく言えるのがパリジェンヌ。家の前まで送ってもらったら、「ありがとう！」と言って去るか、「上がってく？ Tu veux monter? テュ ヴ モンテ」。

あなた（君）のことを想っている。
Je pense à toi.
ジュ ポンサトワ
（愛を語るメールなどに使える一言）

帰りたくない……。
Je veux pas rentrer.
ジュ ヴ パ ロントれ
（デートの後に）

私はあなたに夢中！
Je suis folle de toi!
ジュ スィ フォール ドゥトワ
（「folle」は、「気が狂っている」という意味。男性は、「folle フォール」の代わりに「fou フー」を）

君に狂ってる！
Je suis dingue de toi!
ジュ スィ ダング ドゥトワ
（「もう君の魅力にやられっぱなし〜」なんて感じで）

カップル
couple(m)
クープル

帰りたくない。
J'ai pas envie de rentrer.
ジェ パ オンヴィドゥ ロントれ

ささやく愛の言葉　1

今日、きれいだね。
T'es belle, aujourd'hui.
テ　　　ベル　　　　　　オージュるデュイ

フランス人は、自分の彼女や奥さんのことを口に出してほめます。「おお！」と軽く感嘆の表情を浮かべながら言うのがコツ。しかも、人前でも平気で身内をほめたりするので、ちょっと驚いてしまうこともありますが、その後の家庭生活を安定させるために、狙ってやってるのでしょうか？それともそれが自然？以前、「あそこの彼女だって、君のことを目が離せないくらいきれいだって言ってた」と言われたことがありましたが、その人私のことなど全く見ている気配なし。その後も一瞥もされなかったが…。ウソも方便？？

チュウ！
Bisous!
ビズー
（元々、「bisou ビズー」は「キス」の幼児語。「じゃあね」と別れ際など、人前はばからずの挨拶代わりに）

抱いて！
Fais-moi un calin!
フェ モワ アン キャラン
（スキンシップも、道の真ん中でも堂々と）

なんだい、僕のいとしい人……。
Oui, mon amour…
ウィ モナムーる
（「ねえ」と恋人に話しかけられたとき、しっとりとした目で、甘〜くささやきます）

世界で一番君が好き！
Je t'aime plus que tout au monde!
ジュ テーム プリュス ク トゥトー モンドゥ

妻
femme(f)
ファム

今日きれいだね。
T'es belle aujourd'hui.
テ ベル オージュるデュイ

夫
mari(m)
マリ

【フランス女性の作り方？】
ここにご紹介したフレーズは恋人に使うものですが、パパが娘に言う言葉でもあります。こうやって、フランス女性は作られていくのかもしれません……。

愛の呼び名 1 🔊 76

ハート
cœur(m)
キュール

僕の愛しい人(ヒト)（女性）
Ma chérie
マ　　　シェリー

フランス人は、恋人のことを呼ぶときに、いろいろなあだ名で呼びます。オリジナリティーを大切にするフランス人、なかには周りで聞いて気恥ずかしくなるような呼び方をするアツアツな人たちもいます。でも一番オーソドックスなのがこれ。ありきたりな呼び方ですが、使用している人が多いのも事実。男性には「mon chéri モン シェリー」と男性形で使用します。また、子どもを呼ぶときにも使えます。

僕のノミちゃん
Ma puce
マ ピュス
（確かに小さいものがかわいいのはわかりますが、なぜノミが選ばれたのかは謎。アリなどはちょっと聞きません……）

僕のお姫さま
Ma princesse
マ プランセス
（「フランス女は強い！」と言われながらも、名実ともにお姫さま扱いされるのはやはり大好き）

僕（私）の天使
Mon ange
モノンジュ
（子どもにもよく使われます）

僕（私）のウサギちゃん
Mon lapin
モン ラパン

[呼び方さまざま…]
動物もよく登場。「子猫 mon chaton モン シャトン」「鹿 ma biche マ ビッシュ」など。「また「petit プティ（小さい）」をつけて、さらに愛情を表すことも。「ma petite chérie マ プティトゥ シェリー」「mon petit chaton モン プティ シャトン」のように。

かんむり
couronne(f)
クーロン

魔法の杖
sceptre(m)
セプトゥる
もう少し短くて先に星などがついているのは「baguette magique(f) バゲットゥ マジック」。

僕の天使
Mon ange
モノンジュ

Part 9　恋愛を楽しむ

| 愛の種類 | 1 |

愛してる。
Je t'aime.
ジュ テーム

「ボンジュール」の次に有名かと思われるフランス語「ジュテーム」。しかし、フランス人は意外とこの一言を使いません。彼らにとってはかなり重い意味があるようです。だからか、「親しくなったのに。なかなかこれを言ってくれない！」なんて悩み多し。軽く使いすぎている人がいたら、逆に気をつけた方がいいかも（日本の「愛してる！」と同じ？）。

[フランス流スキンシップ♪]
親子でも、ジュテーム〜、ベタベタ、チュ〜!! としているフランス人。なんだか濃いです。私たちにはなじみにくいですが、逆にフランス人が日本に来ると、余りのそっけなさ？に欲求不満になる人もいるとか…。確かに、いちいち抱擁するのに慣れると、日本でも親しい友人に同じことをしたくなります。相手は驚くか嫌がると思うので、することはありませんが…。

（友達として）好き。
Je t'aime bien.
ジュ テーム ビヤン
（不思議なことに、「大いに bien ビヤン」が、「Je t'aime」につくと、あっという間に恋愛感情がなくなってしまいます）

気に入ってる。
Tu me plais.
テュ ム プレ
（初めの段階。まだ、真剣かわからないけど、「好きかも〜」くらいで）

あなたに恋してる。
Je suis amoureuse（amoureux）de toi.
ジュ スィ ザムるーズ（ザムるー）ドゥトワ

君は生涯の伴侶（女性）だよ。
Tu es la femme de ma vie.
テュ エラ ファム ドゥ マ ヴィ
（文字通り、会うべくして会った人に。離婚率 50％ 以上のパリにも、バッチリ存在。男性は「la femme」の代わりに「l'homme ロム」を）

サクレクール寺院
Sacré-Cœur (m)
サクれ キューる

恋人たち
amoureux (m)
アムるー

愛してるよ。
Je t'aime.
ジュ テーム

私も愛してる。
Moi aussi je t'aime.
モワ オスィ ジュ テム

Part 10
あなたもこれで
すっかりフランス人
Voilà vous êtes français!

パリの生活にすっかり染まったら
フランス人のような
自然なフランス語を使ってみて

語尾でニュアンス付け 1

いいじゃない、ね?
C'est bien, non?
セ ビヤン ノン

会話文の語尾にたった一語つけ加えるだけで、文にニュアンスを加えたり、なめらかさを出すことができます。フランス語っぽさもぐんと増します。ここでは「non? ノン」とつけることにより、「そう思わない?」と、同意を求める気持ちを加えています。

来るの? 来ないの?
Tu viens, ou pas?
テュ ヴィヤン ウ パ
(「ou pas」で「どうするの?」というお伺いのニュアンスを)

それきれいでしょ?
C'est joli, hein?
セ ジョリー アン
(「hein」で「でしょ」と同意を求める感じに)

じゃあ、満足したね?
T'es content, alors?
テ コントン アローる
(「alors」とつけると、たちまちフランス人ぽくなります)

悪くないんだよ。
C'est pas mal, quoi.
セ パ マル コワ
(「quoi」で砕けたニュアンスを加味。軽いイメージを追加)

額
cadre(m)
キャードる

いいでしょ、ね?
C'est bien, non?
セ ビヤン ノン

ミニスカート
mini-jupe(f)
ミニジュップ

[連発にはご注意!]
「tu sais テュ セ」(P146参照)や「〜, quoi コワ」の連発しすぎは、ちょっと足りない若者?といったイメージ。あるテレビ番組に登場したカップルが、1分の会話のうちに、20回もそれらを連発。別の番組でそのビデオをみんなで再生し、数えて「さすが波長が合っているカップル!」などと笑いの種にされていました…。

短い受け答え | 1

へえ!
Eh ben!
エ　　バン

すっかりフランス人風になるには、会話のなかで、短く簡単に使える受け答えを織り交ぜます。目を大きく見開く、口を「へ」の字にするなど、顔の表情も忘れずに。例えばこれは、顔はおおげさに感心、または驚いた感じで。
でも、感心した振りをして、適当に話を流している場合にも大いに利用されます。「ben」は「bien」のくだけた形（P.147参照）。

[顔色をうかがうまでもない？]
フランス人はジェスチャーも使用しますが、それよりも表情が重要なコードです。まん丸目で驚いたり、唇が切れるのでは？というくらい、口を横に引いて渋い顔をしたり…。ええっ?それはやりすぎでは⁉ と冷静に驚いてしまうこともありますが、みんなやっているので、そのように成り立っているようです。真似してやってみたら顔の筋肉の体操になって、シワ防止にいいかもしれません。

そ～だよ!
Ben, oui!
バー ウィ
（「そりゃそうだよ、君知らなかったの?」と得意な感じで）

ふ～ん。
Ah, oui.
アー ウィ
（興味なさそうに）

はあ……。
Pfff.
プー
（口をとがらせて、息を出す。フランス人お得意のプー。日本でのため息のような感じ。でも、相手（または状況）をとがめるようにはっきり、そして頻繁に使うというのが違い）

うんうん。
Hum, hum
フン フン
（鼻で抜くような音。あなたの話を聞いていますよ、という相づち）

うんうん…
Hum, hum.
フン フン

雑誌
magazine(m)
マガズィンヌ

砕けてます 1

うん！
Ouais 〜！
ウエィ

「やった〜！」と、こんな風に喜びを表現します。もともとは、「Oui ウィ」を砕けた感じで言ったもの。「元気? Ça va? サヴァ」と聞かれたら、「うん! Ouais ウェィ」なんて感じで返事をします。よく使われますが、子どもは「ちゃんとウィと言いなさい」と直されたり、大人も「麗しい女性がそんな風に言うもんじゃないよ」なんて、注意されたりもします。

[会話ならではの表現]

「J'sais pas, moi!」は正確には、「Je ne sais pas, moi! ジュ ヌ セ パ モワ」。ne（ヌ）が口語で抜ける否定形は前に見ましたが、さらに、「je」が「j'」と、短く発音されます。正式な書き言葉ではないですが、会話ではよく用いられます。他にも「Tu as テュ ア」がくっついて「T'as タ」になったりします。

ねえ！（オイ！）
Hé!
エ
（相手を呼びとめるときに。ちょっと砕けた言い方）

ねえ、ちょっと！
Hé oh!
エ オ
（「Hé エ」だけで振り向いてもらえなかったときに、こう強調。または、脚を踏まれて頭にきたときに、「エーオー」とイライラした感じで）

すっげ〜かわいい〜！
C'est trop mignon!
セ トロ ミニョン
（「trop トロ」は、「〜しすぎ」という意味ですが、砕けた表現として「とても très トレ」の代わりに使われることもあります。若者が多用）

オレ、知らね〜！
J'sais pas, moi!
シェパー モワ

広告
pub(f)　（**publicité** の略）
ピュブ　　ピュブリシテ

足
pied(m)
ピエ

ねえ、ちょっと！
Hé oh!
エ オ

メトロの駅
station de métro(f)
スタスィオン ドゥ メトろ

ホーム
quai(m)
ケ

あなたもこれですっかりフランス人

アルゴ（スラング） 1

一体なんなの!?
Quel bordel!
ケル　　　ボるデール

アルゴ（argot）というのは、フランス語のいわゆるスラング。仲間内でのコード化された言葉だったり、下品で乱暴、砕けすぎた言葉としても知られています。でも一方で、日常生活のなかでも生きた言葉として、ある程度溶け込んでいるのも事実。ここでは、普通の人が、腹を立てたりしたときにポロっと言ってしまうようなものをご紹介します（強い言葉なので、ご使用は慎重に!!）。

[自分で使わなくても知っておきたい？]
「bordel ボるデール」は、もともと「売春宿」という意味。アルゴには、その他、「merde（くそ）」からきた言葉、「chier（くそをする）」からきた言葉（chiant）など、たくさんあります。やはり、下系の言葉が多いです。「Putain de merde! ピュタンドゥ メるドゥ」のように、複合形もあり。訳が難しいですが、「クソばかヤロー！」（日本語では誰も使わない?）くらいの意味かと?

あっちへ行きやがれ！
Casse-toi!
キャストワ

黙れ！
Ta gueule!
タ ギュール
（gueule は、もともと「動物の口」。「お前の口を閉じろ！」と言っています）

ちぇ！
Putain!
ピュタン
（もともとは「売春婦」の意。消しゴムを落としたとき、「試験です」と言われたときなど、学生の口からよく出ます）

んだよっ！
C'est chiant!
セ シヨン
（突然メトロが止まってしまったとき、アパルトマンのエレベーターが止まってしまったときなどに…）

ったく！
Ah, c'est chiant!
ア セ シヨン

エレベーター
ascenseur(m)
アソンスーる

ボタン
bouton(m)
ブートン

いつもどおりに。
Comme d'hab.
コム　　　　　ダッブ

「comme d'habitude. コム ダビテュードゥ」の略。行きつけのカフェに入ったら、こんな風にウエイターさんに注文したりします。仲間内の気さくな会話では、よく省略形が使われます。「どう？ Ça va? サヴァ」「いつも通りだよ。Comme d'hab. コム ダッブ」なんて流れもあり。

[砕けた言い方]
省略形以外にも例えばこんな砕けた言い方が日常で聞かれます。「車 voiture (f) ヴォワテュール」→「bagnole (f) バニョール」、「コーヒー café (m) キャフェ」→「kawa キャワ」、「男性 homme (m) オム」→「mec (m) メック」、「靴 chaussures (f) ショスィユール」→「pompes (f) ポンプ」などなど。

よいお食事を！（いただきま〜す）
Bon app!
ボナップ
（「Bon appétit! ボナペティ」（P.132）の省略形。仲間内で）

よい午後を！
Bon aprèm!
ボナプレーム
（「Bon après-midi! ボナプレミディ」（P.16）の省略形）

誕生日おめでとう〜！
Bon anniv!
ボナニーフ
（「Bon anniversaire ボナニヴェるセーる」（P.66）の砕けた形。親しい人に「おめでとう！」を言うときに。「Bon annif」と書く場合も）

また後で！
À tout!
ア トゥットゥ
（「À tout à l'heure! アトゥタ るーる」（P.14）の省略形）

うん、よろしく。
Oui, s'il te plaît.
ウィ スィル トゥ プレ

いつもの？
Comme d'hab?
コム ダブ

ベルラン（逆さ言葉） 1

彼、変だよね。
Il est chelou.
イレ　　　　シュルー

「chelou シュルー」は、「変な louche ルーシュ」のベルラン。ベルランとは、Verlan（ヴェルロン）と書いて、「逆さま言葉」の意。「逆さま l'envers ロンヴェール」の逆さま言葉です。日本でも一時はやりましたが、砕けた会話で使用します。また、頻繁に使う人がいれば、その意味さえ知らない人がいたり、フランス人でもいろいろ。たくさんありますが、日常でよく聞くものをいくつかご紹介します。

[どうやって書く？]
ベルランは逆さ言葉とはいえ、音をひっくり返すだけで、「女性 femme ファム→ meuf ムフ」「狂った fou フー→ ouf ウフ」など、綴りを後ろからそのまま並び替えたよう（→ emmef, uof）にはなりません。その辺の適当さ（柔軟さ？）が、フランスっぽい感じもしますが…。

あの女見た？
T'as vu cette meuf?
タ ヴュ セットゥ ムフ
（「meuf ムフ」は「femme ファム 女性・妻」のベルラン。）

彼、しつこいね。
Il est relou.
イレ るルー
（「relou」は「重い lourd ルーる」のベルラン）

奴、いかれてる。
Il est ouf.
イレ ウッフ
（「Fou 狂っている」のベルラン「ouf ウッフ」。車が来ているのに道を渡っている人や、自慢話を続けている人などに陰で使用します）

ほっときなよ！
Laisse béton!
レス ベトン
（「Laisse tomber レス トンベ」（P.155）がこんな感じに）

渋滞
bouchon(m)
ブーション

クラクション
klaxon(m)
クラクソン

彼、おかしいよ。
Il est ouf, lui.
イレ ウフ リュイ

Part 10 あなたもこれですっかりフランス人

登録商標 | 1 🔊 80

マクドナルド食べる?
On mange Macdo?
オン　　モンジュ　　　　マクド

フランスにも、もともとは商品名なのに、日常生活で一般名詞の代わりに使われているものがあります。同じ商品でも日本とは呼び方がちょっと違ったりしますが、さりげなく使ってフランス人になりすまします。例えば、マクドナルドのことを、フランス人は、「マック」ではなく「マクド」と略して言います。関西風?

〈ベンツと言えば…〉
フランスでは、ベンツがタクシーとしてけっこう走っています。私はバブルがちょうど終わったくらいのときに、若者でしたので、「ベンツに乗ったことある?（←もちろん付き合ってる彼の）」「初ベンツは何歳?」なんていう会話に遭遇したことがあるのですが、「初ベンツはタクシーだった!」と思った覚えがあります…。ちなみに、BMW はフランス人に「BM ベーエム」と呼ばれています。

彼、ベンツ持ってるよ。
Il a une Mercedes.
イラ　ユヌ　メルセデス
(「ベンツ」といっても、なぜか通じません……)

ティッシュ持ってる?
T'as un Kleenex?
タ　アン　クリネックス
(正式には、「mouchoirs en papier ムッシュワール オン パピエ」)

セロテープ取って!
Passe-moi le Scotch!
パス　モワ　ル　スコッチ
(正式には「ruban adhésif リュボン　アデズィフ」。スコッチ社のセロテープでなくても、「スコッチ取って!」が主流)

これタッパーに入れる?
Je le mets dans un tupperwear?
ジュ ル メ ドンザン テュペウェール
(密閉容器タッパーウエアー。この会社のものに限らず使用)

ハンバーガー　　　ポテト　　　コーラ
hamburger(m)　**frite**(f)　**coca**(m)
オンブュるギューる　フリットゥ　コキャ

いいけど。
Si tu veux.
スィ テュ ヴ

マクドナルド食べる?
On mange Macdo?
オン　モンジュ　マクド

今時の若者風テクスト | 1

知らない。
Je C pas.
ジュ　セ　パ

「知らない。Je sais pas. ジュ セ パ」の音は同じで、より簡単にした書き言葉。フランスでは、携帯間はメールより、「texto テクスト」（「SMS エスエメス」）と言って、テキストメッセージの交換が盛んです。フランス語をいちいち正しく書いていると、長いし面倒くさい（昔は字数で値段が違ったこともあったらしい）ので、簡略されたテクスト言葉がよく使用されます。やはり若者（高校生など）が特に使うようです。「あの子、こんな変な綴りで送ってきたのよ！」と目くじら立てているご婦人などにお目にかかることもあります（「Ça va」を「sava」と書いたり、「On est」を「On et」としたり、微妙なつづりも頻出…）。わざとか間違いか曖昧にできるので、私たち外国人にはよい隠れ蓑に？

またね。
@+
ア プリュス
（「À plus ア プリュス」をこんな風に表します。@がサイバーっぽい）

どこにいるの？
T ou?
テウ
（「T'es où? テウ」の代わりに。「où」となるべきところ、u にアクソンをつけないところもポイント）

いいね！
5pa!
サンパ
（「Sympa サンパ」（P.22）をこんな感じに。5＝ cinq を「サン(ク)」と読むので）

愛してる。
Je T'm.
ジュ テーム
（音は同じでも、こんなに短くできます！）

スマートフォン
smartphone(m)
スマるトゥフォンヌ

Wi-Fi
wifi
ウィフィ

SMS
sms(m)
エセメス

凱旋門
l'Arc de Triomphe(m)
らるク ドゥ トリヨンフ

凱旋門のそばにいるよ。
Suis à côté de l'Arc de Triomphe.
スィ ア コテ ドゥ らるク ドゥ トリヨンフ

擬態語 1

こちょこちょ
Guiliguili
ギリギリ

擬態語は日仏でずいぶん違います。実際にくすぐられていなくても、「こちょこちょ」と脇腹のそばなどでされると、不思議となんとなくくすぐったいですが、フランス語で「ギリギリ！」とされてもなんともありません。フランス人はもちろん逆で、「ギリギリ！」だけで笑っています。こういうのは、小さい頃から聞かされてきた音が身体に染みついているのでしょうか……。

[ブラブラブラ！]
夫婦間などでケンカをした際、相手を説得、または非難するために長々と理論をこね続けている相手に、「Blablabla…ブラブラブラ」と肩をすくめ、馬鹿にしたようにつぶやいて、一気に形勢逆転を狙う手も。言われた方は、自分では一生懸命話しているだけに、大変頭に来ます。「真面目に聞け〜！」とさらに熱くなるので、おさまりはしませんが…。

トントン
Toc toc
トックトック
（ドアのノックの音。ままごとなどでも、ドアをたたく音は「トックトック！」）

トクトク
Glouglou
グルグル
（水やお酒を注いだり、流れたりするときの音。目が回りそう？）

カランカラン
Ding dong
ディング ドング
（ベルが鳴る音。教会の鐘の音などによく使用されます。または目ざましが、「リーン dring ドゥリィーング」と）

ベラベラ
Blabla
ブラブラ
（おしゃべりの擬態語。意味のないことを長々と話している人を見て、こっそり「ブラブラ」と冷やかします）

カランカラン
Ding dong!
ディング ドング

ベル
sonnette(f)
ソネットゥ

黒ドレス
robe noire(f)
ろブ ノワーる

ハンドバック
sac à main(m)
サック マン

| 動物 | 1 |

ピッピッ（鳥の鳴き声）
Cui-cui
キュイ　　キュイ

話している言葉によって、聞こえる音が違うのでしょうか？「チッチ」「ピッピ」と聞こえる鳥のさえずりも、フランス人には「キュイキュイ」と聞こえるらしい。まあ、そう思って聞けば、聞こえなくもないですが。ふとしたときにこれが自然に出てくると、「あなたフランス人!?」と思われること間違いなし！

[フランス人？日本人？？]
とっさに出てくる擬態語で、入っている母国語がよく分るような気がします。うちの娘は、今のところ普通に日本語を話しますが、ある日、日本語で話していた時に、犬の真似を「ウゥフウゥフ！」とやったので、ちょっとショックでした！ やはり、日常ずっと使っているフランス語は強い！ 強制はできないので、その後、機会をみては「ワンワン」と日本語で言って聞かせてはいますが…。

ワンワン！
Ouah! ouah!
ウワ ウワ
(犬のほえ声。冷静に考えると「ワンワン」とは聞こえないですが…。「Ouaf ouaf! ウゥフ ウゥフ」というのもあり)

ニャ〜！
Miaou!
ミヤウ
(猫のなき声。「ミヤウ」と猫に似せて猫に話しかけます)

ろばの鳴き声
Hi-han!
イーオン
(日本語でロバはどうなくのでしょうか？フランスではロバが生活に密着していたのか、よく出てくる泣き声です)

ガアガア
Coin-coin
コワン コワン
(アヒルの鳴き声)

ピッピ
Cui-cui
キュイ キュイ

ワンワン
Ouah!ouah!
ウワ ウワ

鳥
oiseau(m)
オワゾー

ろば
âne(m)
アンヌ

あひる
canard(m)
キャナール

ニャー
Miaou
ミャーウ

犬
chien(m)
シヤン

猫
chat(m)
シャ

ガァガァ
Coin-coin
コワン コワン

赤ちゃん言葉　1

ネンネ忘れないで！
N'oublie pas ton doudou!
ヌーブリ　パ　トン　ドゥドゥ

「Doudou ドゥドゥ」とは、幼児が離さず持っていて、クチュクチュ吸ったりしているぬいぐるみや布の切れ端。早くから自立（?）できるよう、持たされている子が多いです。手元にないと落ち着かないので、よく使用されるフレーズです。

いわゆる幼児語です。幼児語は、小さい子でも話せるように単語が簡略化されて、音の繰り返しが多いです。大人になっても日常の端々で使用しますが、日本語に比べると、フランス語の幼児語は少ないように思います。

ねんねしなさい！
Fais dodo!
フェ ドド
（「dodo ドド」は、「ねんね」の意。「寝る dormir」からきています）

おじちゃんに「こんにちは」しなさい！
Dis bonjour à tonton!
ディ ボンジューる ア トントン
（「tonton トントン」は「おじちゃん」のこと。「おばちゃん」は「tata タタ」）

イタイイタイしたの？
Tu t'es fait bobo?
テュ テ フェ ボボ
（子どもが転んで泣いたときなどに、こう言ってなぐさめます）

おしっこしなさい！
Fais pipi!
フェ ピピ
（お出かけ前に。「pipi ピピ」は日本語では「シーシー」でしょうか（?））

ねんねしなさい！
Faites dodo!
フェトゥ ドド

[世界共通、幼児が言って喜ぶ言葉…]
「ウンチ」は幼児語で、「caca キャキャ」。ある日、ふりかけの「おかか味」という読んであげたとき、娘は目を丸くし「おキャキャ!?」と大喜び。

木馬
cheval de bois(m)
シュヴァル ドゥ ボワ

三角
triangle(m)
トリオングル

積み木
cubes(f)
キューブ

あなたもこれですっかりフランス人

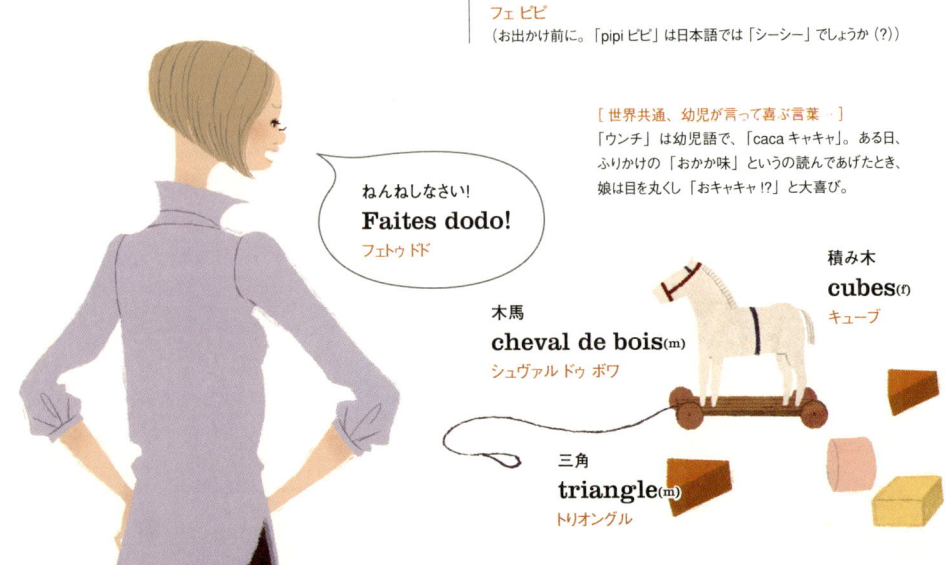

| 幼少から理解するリアルフレンチ | 1 |

あたしがする！
C'est moi qui fais!
セ　　モワ　　キ　　フェ

例えば、2歳児はこんなフランス語を話します。予期せず、フランス人の子どもと遊んであげることになったときに、言葉を理解するのに役に立つかもしれません。これは、（できないのに）なんでもやりたがる時期には、何度も使用されます。また、「見て見て！」と、見てあげるまでしつこく言い続け、飛んでみたり、謎のポーズをしてみたり…。その辺は日本と同じですね！

[子どもとのコミュニケーション…]
子どもの話し方は、大人のものとまた違い、慣れていないと理解しにくいです。小さく可愛いしい子が、こちらに向かって何やら言ってくれているのに、いまいちよくわかりません…。悪いなあと思いつつ、横にいるお母さんに助けを求めてしまったり。また逆に、子どもへの話しかけ方も、別物なので練習？が必要。

それあたしの！
C'est à moi, ça!
セ ア モワ サ
（なんでもかんでも、「自分の！」と主張する時期。発音が「セタ モワ サ」とリエゾンしないところも、幼児らしい）

跳ぼう！
On saute!
オン ソットゥ
（突然跳んだりするのもこの年ごろ。「踊ろう！ On danse! オンドンス」などと、応用可）

あたしを見て！
Regarde-moi!
るギャるドゥ モワ

ママがいい！
Je veux maman!
ジュ ヴ マモン
（「私が！」と主張しつつも、疲れるとママにくっつくところも2歳児。直訳は、「ママが欲しい」とちょっと変ですが、こんな風に言います）

あたしがする!
C'est moi qui fais!
セ モワ キ フェ

それあたしの!
C'est à moi ça!
セ タ モワ サ

言い争い、けんか
dispute(f)
ディスピュートゥ

正方形
carré(m)
キャれ

丸
rond(m)
ロン

Part 10 あなたもこれですっかりフランス人

しつけから見るリアルフレンチ 1

なんて言うの?
Qu'est-ce qu'on dit?
ケ ス コン ディ

フランス人も子どものときから、最低限の礼儀正しさをもつようなしつけをしています。代表的なのが、『〜が欲しい』『〜して』というお願いの後、「s'il vous plaît スィル ヴ プレ」、または「s'il te plaît スィル トゥ プレ」を付けるようにいわれます。これを忘れていると、パパ・ママは聞こえないふりをして、お願いを聞いてあげなかったり、このように「なんて言うの?」と誘導します。「ありがとう」も同様。何かしてあげて、「ありがとう」が出てこないと、こんな風に注意します。

[これぞ小さいパリジェンヌ？1]
「s'il te plaît,」の後に、呼び名を付けることも。すごいお願いのときなどは、「大好きなパパお願い〜！ S'il te plaît, papa chéri! スィル トゥ プレ パパ シェリ?」と、思いっきり甘えた声で…。

ジュリー、ありがとう。
Merci, Julie.
メるスィ ジュリ
（フランス人は、『ありがとう』『こんにちは』などの後に、名前をつける習慣が。子どものときからしつけられています）

私は賛成しませんよ！（ダメよ）
Je ne suis pas d'accord!
ジュ ヌ スィ パ ダコーる
（「ダメ」以上。でなく、「私は賛成しない」と話す姿勢がフランス風？）

きちんと座りなさい！
Assieds-toi correctement!
アスィェトワ コれクトゥモン
（どこに行っても、子どもはいつもこんな風に言われています。食事のマナーに厳しく、下に落としたりしても怒られます。まだ小さくても……）

ベッドに行きなさい！
Au lit!
オ リ
（小さいときから、一人で寝かせる習慣のあるフランスならでは）

きちんと座りなさい！
Asseyez-vous correctement!
アセイエ ヴ コれクトゥモン

もうすぐ始まるよ！
Ça commence!
サ コモンス

人形劇
marionnette(f)
マリオネットゥ

家族
famille(f)
ファミユ

男の孫
petit-fils(m)
プティ フィス

孫たち
petits-enfants(m)
プティゾンフォン

大人も使える、3歳児フランス語！ | 1

隅っこに行ってなさい！
Va au coin!
ヴァ オ コワン

3歳くらいの子どもの話す言葉は、口調まで大人の真似、というものも多いです。「大人に向かってその口の聞き方は何〜！」とカチンとくるのと、「まだ小さいのでしょうがないか。よくここまで成長したわ〜」とほほえましいと思えるものの、中間地点（?）。フランスでは、言うことを聞かなかったり、悪いことをしたりしたら、こう言って部屋の隅に行かされます。子ども（3歳）が反抗するとき、大人にこう叫びますが、行くわけありません……。

[これぞ小さいパリジェンヌ？2]
気にいらないことがあると、「あなたじゃなくて、私があっちに行くわ！」と、親子ゲンカだか、夫婦ゲンカだかわからないセリフを吐くのも、おフランス式教育の成果？

それって優しくない！
C'est pas gentil, ça!
セ パ ジョンティ サ
(「優しい gentil ジョンティ」ということがよいと、フランスでも教えられています。だから、よくないことはすべて「優しくない！」に)

それやだ〜〜！
Je ne suis pas content(e)！
ジュ ヌ スィ パ コントン（トゥ）
(直訳は、「私は満足していない」。「ヤダ」というのも、自分の気持ちで明確に説明するところがフランス人への一歩？)

あたしがあっちに行く。
C'est moi qui m'en vais.
セ モワ キ モン ヴェ

それでもチューしてよ！
Un bisou, quand même!
アン ビズー コン メンム
(怒っても、こう言って戻ってきて、しらっと甘えるのがフランス流)

185

幕
rideau(m)
リドー

舞台
scène(f)
センヌ

それでもチューして！
Un bisou quand même!
アン ビズー コン メンム

女の孫
petite-fille(f)
プティットゥ フィーユ

[パリの人形劇]
パリの子ども達にポピュラーなのが、昔も今も人形劇。お姫さまや騎士の話などがポピュラー。お年寄りも子どもの頃観ていた馴染みのせいか、孫を連れて行きたがる模様。

著：小林まみ（こばやし まみ）

女子学院、慶應義塾大学理工学部卒業後、パリ高等映画学校（ESEC）に留学。フランスの映像プロダクション勤務を経て、短編映画制作、シナリオ執筆。フリーで通訳、翻訳業に携わる。2004年より、メルマガ「み～さの12秒フランス語！」発行。「まぐまぐメルマガ大賞」3年連続受賞。著書に『お風呂で読むフランス語［会話フレーズ］』（学研刊）など。パリにて、日本語で学ぶフランス語教室「巴里塾」運営。parisjuku.com

絵：吉岡ゆうこ（よしおか ゆうこ）

東京生まれ、東京在住。武蔵野美術大学空間演出デザインコース卒業。イラストスクール『PALETTE CLUB』第1期～第3期卒業。女性誌、企業広告等、様々な媒体にて活動中。エレガントでユーモアとウィットにとんだイラストレーションがモットー。PALETTE CLUB講師。イラストレーターズ通信会員。

絵で楽しむフランス語
［会話フレーズ］

2016年6月7日　　第1刷発行
2019年5月10日　　第2刷発行

著	小林まみ
絵	吉岡ゆうこ
発行人	川畑勝
編集人	藤井利昭
編集長	目黒哲也
発行所	株式会社 学研プラス
	〒141-8415　東京都品川区西五反田 2-11-8
印刷所	凸版印刷株式会社
DTP	株式会社 ジャパンアート
AD	川村哲司（atmosphere ltd.）
デザイン	古屋悦子（atmosphere ltd.）

この本に関する各種お問い合わせ先
●本の内容については
　Tel 03-6431-1580（編集部直通）
●在庫については
　Tel 03-6431-1199（販売部直通）
●不良品（落丁・乱丁）については
　Tel 0570-000577
　学研業務センター
　〒354-0045　埼玉県入間郡三芳町上富 279-1
●上記以外のお問い合わせは
　Tel 03-6431-1002（学研お客様センター）

© Mami Kobayashi, Yuko Yoshioka 2016 Printed in Japan
本書の無断転載、複製・複写（コピー）、翻訳を禁じます。
本書を代行業者等の第三者に依頼してスキャンやデジタル化することは、
たとえ個人や家庭内の利用であっても、著作権法上、認められておりません。

学研の書籍・雑誌についての新刊情報・詳細情報は、下記をご覧ください。
学研出版サイト　https://hon.gakken.jp/